和谐校园文化建设读本

论教师教育

孙长华 秦艺书/编著

吉林出版集团股份有限公司

吉林教育出版社

图书在版编目(CIP)数据

论教师教育 / 孙长华，秦艺书编著. — 长春：吉林教育出版社，2012.6(2022.10重印)

（和谐校园文化建设读本）

ISBN 978 - 7 - 5383 - 8968 - 5

Ⅰ．①论… Ⅱ．①孙… ②秦… Ⅲ．①师资培训－研究 Ⅳ．①G650

中国版本图书馆 CIP 数据核字(2012)第 116076 号

论教师教育

LUN JIAOSHI JIAOYU

孙长华　秦艺书　编著

策划编辑　刘　军　　潘宏竹

责任编辑　张　瑜　　　　　　　　　　　装帧设计　王洪义

出版　吉林出版集团股份有限公司（长春市福祉大路5788号　邮编 130118）

　　　吉林教育出版社（长春市同志街 1991 号　邮编　130021）

发行　吉林教育出版社

印刷　北京一鑫印务有限责任公司

开本　710 毫米×1000 毫米　1/16　　印张　13　　字数　165千字

版次　2012 年 6 月第 1 版　　印次　2022 年 10 月第 2 次印刷

书号　ISBN 978 - 7 - 5383 - 8968 - 5

定价　39.80 元

编　委　会

主　　编：王世斌

执行主编：王保华

编委会成员：尹英俊　尹曾花　付晓霞

　　　　　　刘　军　刘桂琴　刘　静

　　　　　　张　瑜　庞　博　姜　磊

　　　　　　潘宏竹

　　　　　　（按姓氏笔画排序）

总 序

千秋基业，教育为本；源浚流畅，本固枝荣。

什么是校园文化？所谓"文化"是人类所创造的精神财富的总和，如文学、艺术、教育、科学等。而"校园文化"是人类所创造的一切精神财富在校园中的集中体现。"和谐校园文化建设"，贵在和谐，重在建设。

建设和谐的校园文化，就是要改变僵化死板的教学模式，要引导学生走出教室，走进自然，了解社会，感悟人生，逐步读懂人生、自然、社会这三本大书。

深化教育改革，加快教育发展，构建和谐校园文化，"路漫漫其修远兮"，奋斗正未有穷期。和谐校园文化建设的研究课题重大，意义重要，内涵丰富，是教育工作的一个永恒主题。和谐校园文化建设的实施方向正确，重点突出，是教育思想的根本转变和教育运行机制的全面更新。

我们出版的这套《和谐校园文化建设读本》，既有理论上的阐释，又有实践中的总结；既有学科领域的有益探索，又有教学管理方面的经验提炼；既有声情并茂的童年感悟；又有惟妙惟肖的机智幽默；既有古代哲人的至理名言，又有现代大师的谆谆教诲；既有自然科学各个领域的有趣知识；又有社会科学各个方面的启迪与感悟。笔触所及，涵盖了家庭教育、学校教育和社会教育的各个侧面以及教育教学工作的各个环节，全书立意深邃，观念新异，内容翔实，切合实际。

我们深信：广大中小学师生经过不平凡的奋斗历程，必将沐浴着时代的春风，吸吮着改革的甘露，认真地总结过去，正确地审视现在，科学地规划未来，以崭新的姿态向和谐校园文化建设的更高目标迈进。

让和谐校园文化之花灿然怒放！

本书编委会

目 录

第一章　教师的作用和地位

教育是与人类社会相始终的永恒事业。但教育不能没有教师,而且只要有教育,教师这一职业就将永远存在下去,是故教师职业是一种古老而又永恒的职业,他的作用和地位一直被人们所关注。

第一节　教师的作用

"教师"一提起这个特殊的称号,人们自然而然地在脑海里浮现起那个可敬可尊的白领形象。可以说,我们在生活中都有自己的启蒙教师。教师也被人们称为太阳底下最光辉的职业。教师同时还被人们称为灵魂的工程师,是人类灵魂的塑造者。在人类知识文明的传播中起到了桥梁中介作用,教师对每个人每个青少年的成长都起到了不容置疑的作用。用"人类灵魂的工程师"作为对教师的称呼可以说是再恰当不过的。古之学者必有师,古今中外凡是有所贡献有所作为的人都离不开小时候老师对他的启蒙作用。教师在人类历史的发展中起到了不可替代的作用。在知识经济日益增长的今天,教师在社会和教育中更是起到了举足轻重的作用,这已是世界各国人民的共同认识。特别是在国际竞争、科技竞争激烈的今天,都非常重视培养人才,所以教师担任着培养人才的重要角色,因此世界各国都非常重视教师。

著名的思想家、教育家荀子就曾指出:"国将兴,必贵师而重傅;贵师而重傅,则法度存。国将衰,必贱师而轻傅;贱师而轻傅,则人有快,人有快则法度坏。"说教师的作用关系到国家的兴衰。从大教育家孔子开始的儒家教育思想,更是一贯尊师重道,强调教师在修身治国中的作用。

西方在古希腊时期,国王尊师的例子可以用马其顿王亚历山大与亚里士多德的亲密关系来说明。文艺复兴时期,资产阶级开始登上历史舞台,许多人也对教师职业怀有普遍的尊重。捷克教育家夸美纽斯说过:"我们对于国家的贡献,哪里还有比教导青年和教育青年更好、更伟大的呢?"他认为,教师是太阳底下再没有比它更优越、更光荣的职位。到了现代,由于科学技术在生产中的应用越来越广泛,需要劳动者的文化程度越来越高,各国政府都普遍重视教育,同时大力提高教师的待遇和地位。

20世纪80年代以来的美国的教师教育改革,其中心在于提高学校教育的质量,或者说提高学生的学业成绩。教育质量的提高在相当程度上取决于教师的质量,而教师的质量又在相当程度上受到教师教育的影响,这一简单的逻辑推论促使美国政府、学界和社会各界关注教师教育以及与此相联系的一系列问题。强调教育的重要性,因为它是经济发展、机会平等、实现国家理想的基础。美国的经济成功取决于更高的教育质量,而取得更高教育质量的关键是建立一支与此任务相适应的专业队伍,即一支经过良好教育的师资队伍。"没有这样一支教学水平高、业务能力强和具有远大抱负的专业队伍,任何改革都不会长久。"教师的作用提高到了关系到国家安危、摆脱困境,促进美国社会进步的高度。

那么教师在社会和教育中的作用和地位可以概括为以下几方面:

一、教师对人的社会性发展的作用

(一)教师的言传身教对学生社会性发展具有重要作用

教师的教育和影响主要是通过"言传"和"身教"两种教育方式进行的。"言传"主要指言语方面的教育,"身教"主要指行为上的示范和影响。教师的职责主要是"传道、授业、解惑"。无论是哪一种职责的履行,教师都要通过语言来把符合社会要求的知识传授给学生,这构成学生知识的重要来源。符合社会要求的知识是指这样几层意思:第一,符合特定社会、特定时代、特定阶级的要求;第二,具有社会性内容;第三,能对学生的不符合社会要求的言行进行指导和校正;第四,能够促进学生的社会化。可见,教师的"言传"是教师教育和影响学生的重要方式,能够促进学生的社会性的发展。当然,"身教"也不容忽视。孔子说过"其身正不令而行,其身不正虽令不从",体现了教师身教的重要性。上面已经提到,教师是学生的"重要他人",教师所具有的职业权威和道德权威使其自身的言行首先成为学生效仿的对象。作为特定社会角色的教师进行的各种教学活动、各种社会活动,对各种关系的处理等都会对学生产生潜移默化的影响。教师的公正、民主和宽容的行为方式会对学生产生积极的影响,而教师的偏袒、独断和狭隘的行为方式将会对学生产生负面的作用。

(二)教师的期待对学生的社会性发展具有重要作用

教师的期待是指教师根据学生的当前行为所作出的学业和道德等方面的推断或预测。教师的期待可以分为积极的期待和消极的期待,积极的期待是对学生较高的期待、正面的期待,消极的期待是对学生的较低期待、负面的期待。教师对不同的学生会有不同的期待,教师期待会对学生的社会性发展产生重大影响。一般来讲,消极的期待会降低学生的学习动机,会影响学生的学业、品德和社会性的发展。我们这里主要讨论的是教师的积极期待。教师的积极期待的典型例证就是"罗森塔尔效应"。研究者随机抽取一定数量的学生,称他们"学术有为,有巨大的学习潜能和冲击力,是未来的花朵"。一个学期后,再对这批学生进行检验发现,他们的学习成绩有了明显的提高。实验很简单,但是其中的道理却发人深省:教师对学生的关怀和较高的期望将产生与这种期望相应的良好的教学效果。有一副大家熟知的对联也说明了同样的道理:"说你行你就行不行也行,说不行就不行行也不行"。在教学的过程中,教师很愿意并且很容易对大多数学生产生积极的期待,因为每一个学生身上都有"闪光点"。教师会自觉不自觉地按照这种期待去理解学生的行为,去对待学生。"根据哈里斯和罗森塔尔的研究,教师对学生的积极期待通常变现为以下一些行为:一是教师通过言语或非语言的方式为高期待的学生创造较为温暖的社会气氛;二是对高期待学生作出不同寻常的反应;三是授予高期待学生以较多较难的教材;四是给予高期待学生较多的回答问题的机会"。一般来讲,这些含有教师积极期待的行为和态度方面的信息被学生接收后,就会增强学生的自信心,提高学生的成就动机和水平,使学生学习更加努力,表现更加积极,进而提高学习成绩,使自身的行为更加符合社会规范。

二、教师在教育中的作用

首先,教师的劳动具有不可代替的客观性,包括教师的教和学生的学与被教,这其中有教育者和被教育者包括了教育的客体教师和学生的学的主体,教师的劳动具有不可称量的客观作用,教师作为一种专职在人们的教育教学事业中的专职人员。其本身的性质就对教师作了非同一般的专业要求,教师要忠于职守,严格要求学生和加强自身道德素质,以此来推动和塑造与培养锻炼学生的思想品质和加强自身的道德素质,在教育教学工作上磨炼自己的意志,实现自己的人生价值所在。与此同时来推动和发展学生的素质。在磨炼中,真真正正为人师表教书育人,因此,可以说教师还具有再塑造的功能作用。

其次,作为教师,有权利和义务为实现自己的教书育人的本职,恪尽职守,尽职尽力,勤勤恳恳。不断加强自身的知识水平建设丰富自己的教育教学工作,不断提出新的教育教学理念。全面实施素质教育中所提出的教师专业要求。尽到教师职业角色的要求。为社会培养和输送合格的劳动者,因此,教师的劳动具有输送社会和各劳动者的功能。

第三，教师作为教育的工作者要以正确的指导思想引导人，引导学生，引导教育工作，要以全新的理念贯穿教育的全过程。教师在教育受教育者的同时，必须坚持做到准、精、简的专业要求。这其中要求教师要履行教师的职业道德，以提高和应用自身的道德水平。做一个高标准、严要求的教育教学工作者。教师的职业道德，教师的综合素质，教师的正确思想和正确理念以及教师自身的道德水平和理论，对我们全面完成新时期下的教育教学起到了毋庸置疑的作用效果。其中，教师的道德即教师的思想水平将始终作为教师最敏感的问题也是瓶颈问题。教师为了实现自己的教育教学工作的成效，要不断完善自己的职业道德水平，不断提高自己的专业素质，特别要以身作则、教师言行一致、要坚持全新理念，坚持量变与质变。坚持德育为先的理念。教育是国家的公益性事业，它关乎到我们社会主义建设发展乃至社会的积极进步。因此，教师对社会和教育有模范的功能作用。

第二节 教师的地位

教师在教育中发挥着多重作用，其基本作用之一是教学，而教学行为是否有效，决策又至为重要。因此，自 20 世纪 80 年代以来，西方学者提出了"教师是决策者"这一口号。教师的教学地位在不同的历史时期有不同表现。教师的地位一般是指教师的社会地位，它是由教师在社会中的经济地位、政治地位和文化地位构成的。其中经济地位主要是指教师职业在社会各职业中的经济收入的地位，它决定了教师的职业声望、职业吸引力和教师从事该职业的积极性和责任感；政治地位体现了社会对教师职业的评价以及教师在政治上应享有的各种待遇；文化地位体现了教师在掌握、传承和展现文化中的地位。

一、从历史的角度上看，社会对教师的工作都相当尊重

一方面，教师在社会经济、政治和文化生活中扮演着重要的角色，他

们不仅为社会培养所需的人才,也为社会政治经济和文化制度的合理化、合法化作出重要的贡献;另一方面,教师群体中也有相当数量的人员直接服务于经济、政治,并创造着文化,他们中有著名的思想家、政治家、科学家,都是社会的中流砥柱。因此,人们一般都尊重教师,并注重提升教师的社会地位。

中国古代儒家把教师的地位抬得很高,常常把教师与君相提并论(孟轲)。荀况进一步把师纳入了"天、地、君、亲"的序列。17世纪捷克教育家夸美纽斯说过:"我们对于国家的贡献,哪里还有比教导青年和教育青年更好、更伟大的呢?"1985年全国人民代表大会常务委员会通过决议,确定每年的9月10日为"教师节",开展尊师活动,奖励模范教师。

在法国教师被称为"人类智慧的天使"。每年12月25日圣诞节这一天学生的家长都要送一些礼品给教师。每逢开学这一天学校所在地的地方长官和社会贤达都得来参加学校的开学典礼或听课。为了提高教师的社会地位国外还采取了以下四条措施:一是授予教师荣誉称号。二是建立教师节。教师节在国外都是以立法的形式规定下来的。像法国、泰国、朝鲜、印度都有教师节或教育节。三是改善教师的工作条件和生活条件。四是吸收教师作人大代表或政府官员参与国家重大事宜的讨论和决策。

二、教师的经济地位

教师的地位不仅表现在社会尊重方面而且表现在经济待遇方面。经济待遇是影响教师工作积极性和质量的重要因素。待遇好师范专业竞争力就强,教师队伍就相对稳定,教育质量就因之而得到提高。教师待遇差,师范专业竞争力就弱,教师队伍就相对不稳定,教育质量就因之而逐步下降。这一点人们的认识基本是一致的。因此大多数国家都非常重视提高教师的经济地位。主要表现在:

（一）工资相对高

英、法等国中小学教师工资也是比较高的。据 1986 年统计,法国小学教师月工资为 5936.05～9159.62 法郎,中学普通教师为 6034.34～9945.88 法郎,高级教师为 7665.47～15966.53 法郎。而法国高级熟练工的月工资是 3710 法郎,政府职员工资为 6021～7562 法郎。英国中小学教师的平均工资略高于全国职工的平均工资而且增长速度比较快。1979 年公立中学教师的年平均工资为 5181 英镑,1983 年就增长到 9240 英镑。

（二）调资频繁

外国中小学教师的工资并不是固定不变的,而基本上是随物价的变动和教龄的增加每一、二年增资一次。美国教师的教龄工资每年递增一次。

（三）教师的职位津贴多、福利待遇好

中小学教师的报酬除了基本工资外还有各种职位津贴。如英国有在职进修津贴、"缺门"学科教师的教学津贴、地区津贴等。法国有家庭人口过多的特殊照顾津贴。美国有休假年和病休假。英国教师病假可享受三个月带薪的待遇。带薪假期和养老金是各国教师普遍享受的福利待遇。国外教师的工资基本不拖欠大多都能做到当月兑现,有的甚至做到了提前预付。这对调动教师的工作积极性起了很大作用。

总之,随着现代社会的发展,各国需求的人才非常多,教师在国际背景快速发展下,担当着培养人才的重要角色,世界各国都非常重视教师,它在社会和教育中起到了不可替代的作用。所以提高中小学教师的地位对于稳定教师队伍、加速普及义务教育、提高素质教育的水平都具有极其重要的意义。

第二章 教师的职前教育制度

教师教育制度是"教师教育目的、方针、体系设施和机构体系的总称,包括根据国家性质制定的师范教育的目的、方针及各级各类师范教育的目的、方针等;由各级各类、各种形式师范教育构成的学制系统和网络;师范教育的设施和组织机构系统,包括各级各类师范院校教育机构、师范教育研究机构和各级师范教育行政机构等;有关师范教育的法令、政策、章程、规程、决定等。规定各级各类师范学校的性质、任务、入学条件、学习年限以及它们之间的纵横联系"等①。可见教师教育制度是一个十分广泛的概念,它包括着教师教育的方方面面。而且由于各国的性质、政治制度、经济发展状况以及文化传统等的不同,因而各个国家的教师教育制度必然存在着差异。另外,随着人们对教师教育及教师重要性认识的提高,对教师的培养一般都采取职前和职后培养两种形式。本章只着重谈教师的职前培养制度,并仅从各级教师教育的目的任务、学生入学条件、学习年限等几方面来谈,其他有关内容将在后面各章加以分别阐述。

第一节 美国教师的职前教育制度

一、美国中小学教师的培养

二战前,美国的教师是通过师范学校、师范学院以及一些综合性大学附设的教育学院和文理学院所设的教育系来培养的。师范学校的任

---

① 顾明远主编:《教育大辞典》(第2卷),上海教育出版社,1990年版,第8页。

务是培养小学教师。二战前美国有私立的师范学校和公立的师范学校两种。不管是私立的还是公立的师范学校,其任务都是培养小学教师。通过师范学校的培养,使学生做好就业准备,适应将来教师工作的需要。如詹姆斯·卡特为他创立的师范学校提出了三条任务:授予学生专业知识;传授科学的教学方法;进行教育实习。在第一批创立的三所师范学校中,要求毕业生不仅对任教科目有足够的知识,而且还要求有高尚的品德、勤奋、愿意献身于教育事业和服从领导等。为了把学生培养成为"良好的公民",还为师范生规定了成套的行为准则,约束非常严格。师范学校招收小学毕业生,经过考试,免费入学。修业年限不等,开始时有的很短,只有数周,有的达几年,后来一般定为两年。

师范学院的任务是培养中学教师。要求把学生培养成为熟练的、有能力的、知识渊博与品格优秀的教师。师范学院招收中学毕业生,修业年限一般为四年。

教育学院的任务与师范学院大致相同。19世纪末附设在一些著名的综合性大学之内。学生在一般系科学完课程后,将来准备当教师的就可进入教育学院,接受作教师的训练,修业年限为二年。

教育系的任务也是培养中学教师和学校的管理人才。如芝加哥大学、密支根大学等都建立了独立的教育系。

从上可见,二战前,美国的教师培养在组织机构方面,形式是多样的,既通过师范学校培养小学教师,又通过师范学院等培养中学师资。

20世纪40年代到现在,美国教师培养制度的特点则表现为师范学院逐渐演变成为综合大学的教育学院、文理学院的教育系,成为综合大学的一个组成部分,单一的师范学院基本上被取消;中小学和幼儿教师均由高等师范教育培养。

综合大学的教育学院和文理学院教育系的任务主要是培养中小学教师、幼儿教师。据统计目前美国的3000多所高等学校中,就有1200多所负有培养中小学教师的任务。随着社会和教育事业发展的需要,教育学院和教育系除了培养师资以外,又担负了培养教育行政管理人才的任务。一般招收大学二年级结束后确定以教育为主修或副修专业的学生。美国高等学校本科生入学后,在一、二年级并不确定专业,而是广泛地学习文理专业知识。二年级结束时才决定将来的主修和副修专业。如果学生决定以教育为主修或副修专业,就可以入教育学院和教育系学习。这样安排,既可以使师范生具备广泛的文理科学知识,又能受到教育专业的训练,以便为将来作一名良好的教师打好基础;另外,由于主修和副修专业的设置,不但可以适应将来担任两个或三个教学科目的要求,胜任教学工作,而且也能适应社会不断发展变化对劳动力的需求,提高学生的适应能力,增加就业机会。师范生的修业年限为四年的,毕业后可取得学士学位。修业年限五年的,毕业后可获得教学艺术硕士学位。

80 年代以来,美国各州还采用了一些"师资培育变通学程"方式培养中小学师资。所谓的"师资培育变通学程"是与综合大学的教育学院和文理学院的教育系师资培育学程相对的,是为了解决中小学师资短缺在美国各州所采取的培育中小学师资的变通方式。通过这种方式,使有意当教师的人取得教师资格证书,充实教师队伍。这种做法曾受到美国前总统布什的赞扬,认为它有助于提升美国教学专业的素质,并有日益增多的趋势。

"师资培育变通学程"无论在名称、内容,还是在具体做法方面各州都不太一致。这里只以一个州的"师资培育变通学程"为例。

例:洛杉矶联合学区的变通方案——"师训班"

洛杉矶联合学区的变通方案是经美国加州立法机构同意的甄选"候用教师"的变通方案——"师训班"。始于 1984 年。

"师训班"的主要任务是为洛杉矶联合学区内培养中小学教师,解决洛杉矶联合学区内中小学师资不足的问题。采用的方式是"边用边训"

的"用训合一式"策略。

入学条件凡是有意到中小学校任教一般学科,或是担任"双语"学科教学,符合下列条件者皆可申请参加甄选进入"师训班":

(1)具有文理科的学士学位;

(2)全美教师资格考试,主修学科分测验及格(中学教师),一般知识分测验及格(小学教师);

(3)加州基本能力测验及格。

加州的立法机关同意洛杉矶联合学区及其他有缺额教师的学区甄选符合上述条件的"候用教师"。有缺额中小学校的校长即可从候用教师的名册中挑选合适者到校服务。按州政府规定,洛杉矶联合学区必须为这些试用教师安排指导教师,并且每年评鉴一次。

学习年限和内容按州政府规定,洛杉矶联合学区必须为试用教师开设2到3年的教育专业培训学程。在学年开始之前,必须接受为期3周的职前讲习课程,授以从事教师职业必备知识,这被训练班负责人称为"教师存活技能急就章"的课程,其内容包括:

(1)教学的基本知识;

(2)有关学区的政策、实务及课程等的简介。

在受训教师任教一年期满的最后一周,另有一个星期的训练,重点在于"多元文化的教育"。"师训班"的头二年,受训教师必须到分区训练机构参加每周2小时的训练,主要是和"训练督导"讨论一周来教学过程中所遇到的问题,有时也参加由有丰富教学经验的教师们主持的讲座会。凡参加8次讨论者,即可在薪级上加一个俸点,以资鼓励。师训班的教师在第二学年底接受校长负责的评鉴后,才可以获得教师资格证书。而一般由教育学院和教育系培养出来的师资则是在任教的第一年底就接受评鉴。

二、美国高等学校教师的培养

美国高等学校的教师主要是通过研究生院来培养的，即由研究生中选拔，经过研究生课程学习和教学、科研的训练的高级人才担任。

硕士研究生，要求学习硕士课程，学习期限为1～2年，获得规定的学分(1年制的要求学满24～30学分，2年制的要求学满36～45学分)，通过论文答辩，获得硕士学位者适应初级学院和社区学院对教师的要求，即具有硕士学位者，才可到初级学院和社区学院当教师。

博士研究生，要求学习博士课程，学习期限为2～3年，也允许用更多的时间学完规定的课程。在学习过程中，要求博士生对所学内容理解深刻、理解力强，掌握本专业的文献资料，并能进行分析和概括，对本专业和学科有所建树和取得成就；在教学和科学研究方面具有较强的指导能力和组织能力。通过论文答辩，取得博士学位者，才符合大学和文理学院对教师的要求，即必须具有博士学位，方可到综合大学和文理学院当教师。

以上要求也只是就一般而言，实际上也不完全一致，如有的初级学院或社区学院由于教学内容具有较强的实用性，因而他们也聘用当地的富有实践经验的人任教，并不一定是具有高级学位的人。而有些专业或学科的理论性较强，也必须聘用具有博士学位的人。对于一些大学来说，他们在培养教师时，并不要求博士论文，而只是要求具备宽厚的文理知识和精深的学科专业知识。

第二节　英国教师的职前教育制度

一、地区师资培训组织

1942年，英国教育大臣巴特勒(Butler)任命麦克内尔(McNair)为主席，组成一个专门委员会研究教师教育问题。该委员会于1944年5月提出了一份报告，提出全面改革教师教育的40多条建议。在如何处理各类教师教育机构之间的关系,更好地发挥大学在教师教育中的地位问题上,委员会提出了两套方案供讨论。

方案之一是发挥大学在教师教育方面的作用和影响,充分运用大学的人力资源和设备条件,为教师教育服务。该方案建议成立以大学为核心的地区教师培训组织,协调地方教师教育事业。该组织以大学为依托就可以保障战后对教师数量和质量的要求,有利于提高教师教育的学术水平,有利于各地区统一师资培养标准,使教师教育更具有权威性。

方案之二是强化已有的联合考试委员会的功能,不必刻意突出大学在教师教育方面的责任与作用,应把大学视为和其他教师教育机构一样具有同等的地位与作用,各机构之间都是平等互助的伙伴关系。

两个方案同时公诸于众,英国朝野反响强烈,经过认真比较分析,听取了各方面意见之后,政府选择了第一方案。于是大学在教师教育中的责任和作用得到了肯定。这意味着英国大学冲破了过去只局限于教学和科研两种职能的局面,从此明确大学应在教师教育,乃至整个国家教育事业的发展方面发挥其特有的职能。第一方案被采纳后,英国教育部①于 1946 年 6 月正式发出筹建地区师资培训组织的通告。从第二年开始大约经过 5 年时间英国大部分地区都成立了以大学为核心并且为培训基地的地区师资培训组织。

地区师资培训组织的工作大体包括:统一地区内各教师教育的课程标准;利用大学学科专业门类齐全的优势为地方中小学培训教师;确立并规范教育学士学位课程;组织开展教育科学研究;有计划地安排在职教师进修等等。尽管各地区之间还有差异,但上述工作范围相同。

进入 70 年代以后,英国出现了对地区师资培训组织批评的声音。1971 年英国师范教育研究委员会发出的《师范教育报告》,第一次正式对地区师资培训组织的弊端进行了披露。报告指出,由于大学处于教师教

① 1944 年英国的教育署(Board of Education)称教育部(Ministry of Education)1964 年又改称为教育和科学部(Department of Education and Science)。

育核心的地位,大学像家长似的干涉其他机构的办学方向,把教师教育引上了"学术化"过浓的轨道。报告还指出地区师资培训组织效率不高,不利于发挥教育学院的作用,因此,报告认为废除地区师资培训组织将会给教师教育带来新的发展契机。

1972 年政府采纳了《师范教育报告》的建议,决定废止地区师资培训组织。1975 年正式废止。有些常设的地区师资培训组织机构和大学的教育系或其他相关科系合并,成为大学的一部分,有些则干脆解散。

二、英国中小学教师的培养

70 年代中期以来,在地区师资培训组织不复存在的情况下,英国教师的培养主要是通过以下方面进行的:

(一)大学教育系(或教育学院)

大学教育系招收大学本科毕业生,学制 1 年,主要学习教育理论课程,与大学本科专业一致的教学法课程,还要进行教学实习。学习结业后可获得研究生教育证书(PGCE)。这种证书是社会认可的可以受聘为教师的证件。大学教育系学生毕业后多数到中学担任各科教师。

(二)教育学院

教育学院在 1964 年前称师范学院,是英国各种教师教育机构中数量最多的。全英国有 160 多所教育学院,其中约三分之一教育学院是私立的。教育学院招收高中毕业生。60 年代以前大多数教育学院开设了 3 年制课程,毕业生一般去小学任教。也有个别教育学院类似大学教育系,兼招收大学毕业生,开设 1 年制研究生教育证书课程。

60 年代中期英国建立了教育学士学位制度以后,教育学院开始开设 4 年制课程,学生毕业后可以获得教育学士学位证书(BED)。大多数教育学院没有放弃培养小学教师的目标,但同时也有的教育学院确立了培养专门教师的目标,如家政、体育、音乐、语言与戏剧、手工、舞蹈与运动、农业等专业教师。70 年代以后,教育学院开设的 4 年制教育学士学位课程已经成了巩固教师培养的最主要渠道。专门培养中学教师的机构与专门培养小学教师的机构的界线更加模糊。这种趋向表明英国中小学教师已基本都是由大学本科文凭以上的毕业生来补充了。

（三）技术教育学院

技术教育学院的生源一方面是大学毕业生；另一方面是在职人员。该类学院采用全日制和半工半读制两种教学组织形式。全日制课程类似大学的教育系，学制1年或1年以上。半工半读课程学制比较灵活，短则几个月，长则2年左右，主要为各类在职人员提供进修学习的机会。技术教育学院培养目标是中学专业性较强的教师。许多技术教育学院还设置非师范性的继续教育课程，培训其他行业在职人员。

（四）艺术师资培训中心

艺术师资培训中心大多隶属于艺术院校或多科技术学院之内。也有少数艺术师资培训中心设在大学之内，与大学教育系平行，是大学的一个组成部分。该中心作为教师教育的一种机构，主要招收已获得美术或手工艺术专业证书的人员，经过1年培训，使其成为美术或手工艺术方面的专门教师。

（五）开放大学

英国的开放大学出现较早，在世界上享有盛誉。开放大学是多学科综合性的大学，其中设置许多师范类专业课程，因此，它也是教师教育的重要机构。80年代以来开放大学招收了大量非大学毕业的在职教师，向这些教师提供在职进修的教育学士课程。此举使教师队伍中大学毕业生比例大幅度提高。开放大学实行单科结业，累计学分的灵活学制，有利于在职人员的学习。

上述5种教师教育机构各具特色，承担着英国中小学教师的培养任务，其中大学教育系和各地方公私立教育学院是科类齐全、专业完备的机构，在培养教师方面起骨干作用。

第三节 法国教师的职前教育制度

在法国现行教育制度中存在着诸如幼儿园、托儿学校、小学、高级小学、师范学校的教师,还有现代中学,公立中学和其他高等学校的教师。这是两类不同的教师范畴。前者称为 instituteur,后者则称为 professeur。法国长期以来,教师教育实行的是双轨制,即"不同范畴的教师在不同机构中接受培训。"①1989 年法国成立了大学教师学院,以彻底改变这种状况。但目前这种改变尚未最后完成,所以本文叙述的法国教师教育现行制度仍以 1989 年以前情况为主。

法国中小学教师主要有 4 个类别:初等教师(instituteur),初中普通课教师(PEGC),会考教师(agrégé)证书教师(cretifié)。后三类属于中等教师。

一、初等教师(instituteur)培训

所谓初等教师,专指小学、学前教育机关等的教师。初等教师的职前培养机关为每省一所的师范学校。师范学校的招生名额,由省、大学区、教育部依照 2 年后初等教育发展的需要和经费保证的可能情况加以确定。招生办法为笔试,择优录取。根据法国教育部 1986 年 5 月 17 日公布的规定,师范学校招生对象分为持有大学第一阶段(二年)学习文凭者,以及具有大学技术学院文凭、高级技术员证书、学士学位、硕士学位文凭者等。

师范学校招生考试分为初试、复试和自选考试。初级为笔试,分 4 项:一是法国文学与语言;第二项是数学;第三项是科学与技术;第四项是法国历史或地理。第二部分复试,包括口试、实践和操作。也分为四项,第一项是口试,考生要根据考试委员会提供一篇有关教育的文章,发表自己观点,并且回答有关问题;第二项是体育,从所规定的若干运动项

---

① Goma Thimani.Education in the International Context 1991,P.217.

目中选择一项;第三项为造型艺术,考生要拿出作品及作品的说明;第四项为音乐和朗诵。第三部分自选考试的要求。如自选考试(笔译一篇用外语或方言写成的短文),成绩高于及格分数,则计入复试总成绩。考试合格者被任命为学生——教师,成为国家公务员,并领取相应的工资。

二、中等教师培训

法国中等教师从所任教学校来讲系指:四年制即现代中学(College Moderne)教师;七年制中学(国立中学 Lec écoles,公立中学 College)教师;技艺中学(Colleges Techniques)教师。

中等教师培训由高等教育机关负责承担。这类高等教育机关包括综合性大学的学院和高等师范学校。

从职称上来讲这部分教师又分为会考教师、证书教师、初中教师、职业高中教师及非正式教师。中等教师培训机构大致可分为①普通教育教师培训;②技术教育教师培训。

(一)普通教育教师培训

凡准备参加国家会考(Agrégation),或准备获得中等教师资格证者,由综合大学的学院及高等师范学校实施职业训练。

1. 会考教师的教育

国家会考根据教学科目与性别分为:

理科:数学(男)、数学(女)、物理(男)、化学(男)、物理(女)、化学(女)、博物(男、女)

文科:哲学(男、女)、文学(男、女)、文法(男、女)、近代文学(男、女)、历史(男、女)、地理(男、女)、外语(男、女)

凡准备参加国家会考者,报名资格为硕士学位(大学四年)或中学能力证书持有者,他们必须在综合大学的文学院或理学院,或高等师范学校接受规定的教育。现在法国有4所高等师范学校,设有准备国家会考课程,它们是:巴黎男子高等师范学校,塞夫勒女子高等师范学校,圣克鲁男子高等师范学校和玫瑰泉女子高等师范学校。巴黎大学附属高等师范学校,源于 1794 年建立的巴黎师范学校,1903 年始隶属于巴黎大学,有男子高等师范学校,设在巴黎,女子高等师范学校,设在塞夫勒。进入上述两所高等师范学校必须通过激烈的考试竞争。这可能是因为法国七年制的国立中学具有世界水平的缘故。上述两样均分为文理两科。男校各科学生人数只有 30 名左右。女校文科为 19～26 人,理科为 12～16 人。修业期限为 4 年,2 年期满即可参加教育学士(Licencié enseignement)考试。获得文凭后,在第三学年准备论文,以获得《高等教育文凭》(Diplômed' Education Supérieur,即 D.E.S),这是参加会考的必备资格。最后在第四年末,参加会考。准备会考主要是在这最后一年,通常也有准备二年的。高等师范学校为寄宿制,无专任教授,学生在巴黎大学接受共同教育,课程均为巴黎大学教授担任。除此之外,还有为高等师范学校设立的补习教育。

2. 综合大学

应试者在综合大学的文学院或理学院接受教育学士及国家会考的预备教育,入学 4～5 年后,方可获得参加会考的必备资格。

(二)中学教师资格证书持有者的教师培训

这类师资培训主要是培养公立中学的教师,他们可教高中,也可教初中,承担一门课的教学。二战以前,公立中学教师从拥有教育学士学位或相应资格考试(高等小学教师资格、现代中学教师资格考试)合格者中聘用。为了强调公立中学教师所受职业训练必须达到教育学士资格的水平,于 1942 年建立了公立中学教师证书制度(C.A.E.C)。从 1950 年开始该制度变成中学教师资格证书(C.A.P.E.S)制度。中等教师资格证书考试是任用性质的考试。每年分类规定所录取的名额。学科类别为理科:数学、物理、化学、博物;文科:哲学、古典文学、近代文学、史地、现代外语。

对参加中等教师资格证书考试人员进行培训的学校有圣克鲁男子高等师范学校,玫瑰泉女子高等师范学校及综合大学。

圣克鲁男子高等师范学校和玫瑰泉女子高等师范学校,第二次世界大战前以培养高等小学教师和师范学校教师为目标,现在则以培养公立中学教师为目标。进入上述两校竞试合格者,修业期为3年,准备参加会考者为4年。学生在3年时间内除必须获得教育学士学位之外,还须接受中等教师资格证书的专门教育,毕业时参加证书的理论考试,笔试免除,仅有口试,考试及格者进入各省设立的地方教育中心,接受专门的教师专业教育,为期一年。

在综合大学的文学院或理学院学习而打算获得中等教师资格证书的学生,在取得教育学士文凭以前,与国家会考的情况相同。有一年时间准备证书考试。考试及格者,也要进入地方教育中心接受为期1年的职业训练。目前,综合大学的一般学生成了持有中等教师证书者的主要来源。

地区教育中心一年的培训包括理论与实践两部分。理论部分为教育哲学、教育史、教育心理学、教育社会学、教育制度、教学法等领域的学习与研讨;实践部分为学校的实习。

需要说明的是,法国中等教师主要是由综合大学和地区教育中心负责。高等师范学校历史悠久,享有盛名,但现在只有少数毕业生去中学任教。

法国的初中普通课教师,负责初中两门普通课的教学,由设在学区首府的地区教育中心培养。教育中心或称教师培训中心分为三个层次,分别为省级、学区级、国家级。该中心设立始于1969年,按国家需要招生,学制三年。生源为:①获得小学教师能力证书的小学正式教师;②中学毕业会考及格,且有3年以上教学经验者;③省立师范学校合格的毕业生和高等教育第一阶段毕业生,即已获得大学普通文凭的大学二年级毕业生。地区教育中心不举办入学竞试,由有关各方面人士组成招生委员会,由学区长任主席,审查报名者的学习档案,依据教育部分配的名额分科录取。

年学习期间,第一阶段相当于大学同专业一年级水平。上面谈的有大学二年级文凭者的入学者可以直接参加培训中心三年级的学习,这主要是接受教育理论、方法和实践的训练,中学教学能力的考试。

该中心要求通过3年的培训学员须胜任两门课程的教学。应当补充说明的是:在后面将谈到的证书制,因证书不一,初中教师分为四种:①有中学教学能力证书的正式教师,教古典语文组;②有普通初中教学能力证书者,教现代语文组;③持有在过渡班任教的教学能力证书者,教实科组;④临时代课教师为助理教师。不同资历的教师在初中所教课时也不一样。大学毕业生每周教18学时,培训中心毕业者每周21学时;而大学助教只教15学时。

三、职业技术教育教师培训

法国职业学校一般分为工商科和农科,在相当长的一段时间里分别由工商部和农业部负责管理。职业学校的师资问题没有得到很好的解决。1921年法兰西第三共和国将职业教育系统划归教育部,为职业教育的教师教育发展提供了有利的条件。1971年7月16日法国颁布的《技术教育方向法》明确规定:"技术教育机构的教师和同级普通教育的教师一样,同属于国家公务员。其招聘、培训条件与传统教育、现代教育机构中任教的教师相同。"该法强调,职业学校教师与普通学校教师一样均应接受培训,培训工作可在相同的教师教育机关进行,也可以在专门的教师教育机构里进行。

法国职业技术教师培训对象为国立职业学校、技术中学、艺徒训练中心的普通教育及职业教育学科的教师。此类机关有技术教育高等师范学校(École Éormale supérieur de I'Enseignement Technique)、国立艺徒师范学校(École Normale Nationale Apprentissage)及技能学科师资培训机构。

技术教育高等师范学校培养技术中学及国立职业学校教师,学制3年。技术中学和国立职业学校的六种技术教育教师与四种普通教育教师,按要求必须通过由普通教育与技术教育二部分构成的教员合格证书考试。

国立艺徒师范学校。该类学校以培养艺徒训练中心的教师为目的。有男校三所,女校二所,男女合校一所。男校设在工业城市里昂,西部港口南特和巴黎。女校设在巴黎和南部城市图鲁兹。男女合校设在东北部城市斯特拉斯堡。上述学校培养目标有不同分工,如:男校设 A 文科、B 理科、C 工业设计科、D 技术科(含汽车、电气、铁工、建筑等多种行业技术);巴黎女校设有 A 文科、B 理科、C 家政科、D 社会生活教育科、E 美术科、F 技术科(主要为有关服装的缝制、刺绣、染色等各种技术)。

教师资格证书考试的第一部分,就是这类学校的入学考试。入学考试合格者须在国立艺徒训练中心进行教学实习。

技能学科教师培养机关。培养音、体、美、家事学科教师。这些师培机关都属于高等教育,有独立的,也有附设的。从小学算起的总受教育时间为 16～17 年,比普通教育技能科教师稍短一些。

1986 年 6 月,法国政府公布了发展职业技术教育五年计划草案。该计划的宗旨是普及职业技术教育,使之成为普通教育的重要组成部分,运用现代化计算技术设备,提高中等职业技术教育质量。其中加强职业技术教育教师培训工作是一个重要方面。该计划要求增设技术师范学院,为职业中学培养高质量教师。同时,在中等职业技术教育中增设"高级教师"和"中等教育能力证书"制度。

四、法国高等学校教师的培养

法国高等学校教师主要有三个等级,即教授、讲师、助教。教授为法国高等学校教师的最高职称。讲师为高等学校的中级职称。助教是高等学校中的最低职称。以教授、讲师、助教构成的法国高等学校的正式教师与全日制大学生的比例约为 1∶22(据法国《世界报》1984 年 10 月 19 日公布的法国教育部统计)。

法国高等学校还有非正式教师,主要包括有科任教师、合作教授、外籍辅助教师和临时教师。

科任教师主要是根据讲师职务空缺和开设新专业缺少相应教师，由学校推荐，国民教育部部长任命的教学人员。该类教师多为中学教师与研究人员。任期一年，按授课时数付钟点费。

合作教授主要是根据教学与科研需要应聘的具有某一领域的专长或高水平教学能力的教学或研究人员，进行合作教学或研究。任职办法依然是学校推荐，教育部长任命。任期2年。其待遇与正式教授相同。

外籍辅助教师主要是指那些在法国高等学校担任有关语言教学与辅导的外籍人员。其地位与助教相当。

临时教师主要是负责高等学校指导课和实践课。根据合同进行临时性工作，任期短，人员来源广泛。

法国高等学校教师的招聘与任命依据有关法令进行。法国有关法令规定了高校教师的应聘条件。教授是年满30岁以上，且具有国家博士学位者；讲师为获得国家文凭，中学教师会考合格者，或有三年以上助教教龄者；助教应是拥有硕士或硕士以上学位者（含中学教师会考合格者）。

法国高校教师的录用是在应聘人员范围内通过竞试来进行的。教育部将需要增补教师的学校、专业、职称公布于众，然后由有关学校组织考试。考试委员会依据考试结果，按高于每个缺员的二至四位向教育部长推荐候选人，最后由部长决定。教授、讲师、助教分别由总统、教育部长和学区长任命。

法国高等学校教师招聘工作严格，必须通过竞试。而且，法国高等学校教师的名称为"教学——科研人员"，强调任何一名高校正式教师都负有教学与科研的双重任务。这些都有利于保证法国高等学校教师的质量。

第三章 教师教育的目标

　　教育目标是教育活动的出发点和归宿,是教育工作所要达到的预期结果,即使受教育者形成什么样的品质,成为什么样的人的根本问题。随着人们对教师作用认识的提高,世界各国都十分关注教师教育的目标,即把将从事教育工作的人——教师培养成什么样的人? 他们应该具备哪些素质? 因此,都制定出本国教师教育的目标。

第一节　美国教师教育的目标

一、关于教师教育目标的争论

　　美国对教师教育的目标一直存在着争论,概括起来,大致有以下说法:

　　(一)培养既懂所教内容,又懂如何去教的人

　　二战前,美国教师教育的目标强调培养"教育工作者",着眼于"教学艺术"能力的训练,以使师范生具备适应生活的能力,做好教师就业前的准备。当然,对这样的培养目标也存在分歧。20 世纪 50 年代末至 60 年代初,由于苏联发射了第一颗人造地球卫星,使美国当局及社会舆论认为美国之所以落后,主要原因在于教育落后,而教育落后的主要原因在于师范教育培养出来的教师是文理知识基础薄弱、缺乏学科专深知识的、既不是学者,也不是真正教师的不适应时代要求的"教书匠",为此,师范教育的目标必须改革,通过讨论,特别是鲍灵格林代表大会,争论双方取得了共识,这就是教师不仅知道如何去教,而且还必须懂得所教的内容。

　　(二)培养具备一定的智能和足够文理科目基础,并准备将来当教师的人

　　60 年代,美国著名的科学家,前哈佛大学校长科南特对许多州中的

不同类型的师范教育机构进行了为期两年的广泛调查,接触了大量的教师,在他以调查结果写成的著作《美国师范教育》一书中,谈到师范生的标准问题时,强调要考虑师范生取得未来教学职位所要求的最低限度的学习能力,并建议各州教育委员会,州学校董事会联合会,以及有很大势力的州教师协会要花一定时间和精力进行这项研究,为未来教师规定一个最低限度的智能水平,他认为这是学习文理科目的重要条件,并指出:"应该努力在全国的基础上从中学毕业班最有才智的三分之一人中招生,用以充当我国的教师。为什么?因为我认为重要的是,作为普通教育基本构成部分的那些文理科目,决不可以标准太低进度太慢。""师范生的智能如果低于按全国性标准最优秀的那30％中学毕业生之下,那么学习这些科目:大学数学、科学、哲学等将是太困难了。"所以一定的智力水平是很重要的。科南特还认为:"除了未来教师的才能以外,师范教育院校应当考虑的第二个因素就是师范生在中学的准备。"他指出:"根据调查来判断,没有足够的文理科目基础就升入大学打算日后当教师的人太多了",这种情况必须严格改进中学的课程,他并为那些打算日后当教师的人提供了一个中学课程计划的建议,以使师范生获得广博的文理科目基础。

(三)培养有宽厚的文理基础知识,至少一门学科精深甚至是某一学科的"学者",即"学者型教师"

培养"学者型"教师,即使师范生既具备宽厚的文理基础知识,至少一门精深的学科知识,又有教育专业知识和能力,这是美国50年代末至60年代中期改革师范教育在教育目标上的要求。

50年代末到60年代中期,美国采用了五年制"教学文硕士"修业计划,亦称第五年修业计划,目标就是培养"学者型"教师。这个计划既在美国福特基金会的大力赞助下,又适应了当时的时代潮流,因此,很快在许多大学推广开来,成为美国全国性的改革浪潮。五年制教学文硕士修业计划的特点是:(1)前四年集中时间和精力,加强文理基础教育,专攻任教学科课程,着重解决"教什么"的问题;(2)第五年用于专攻教育专业课程,着重解决"如何教"的问题。① 这些特点适应了培养"学者型教师"的要求。

(四)培养教育"临床专家"

60 年代中期到 80 年代,由于美国社会问题增多,学校教育青少年的任务日趋复杂而繁重,新教师的教育和教学实际工作能力不强等原因,使人们认识到:未来的教师不仅要具备广博的文理基础知识,是某一门学科的"学者",还应该是善于处理教育和教学实践中各种问题的"临床专家"。并为此进行了理论上的探索,推行了以培养能力为本的、或操作为本的教师教育计划。都是以培养教育"临床专家"为目标。

所谓教育"临床专家"就是以学校和现场为基地,通过"临床实践"与"现场实践"的训练,掌握教育理论和在教育、教学工作中进行分析、诊断、假设以及处理的能力,成为教育工作的"学者"、"革新者"、"交往者"、"决策者"。这种以培养能力为本的教师教育计划,在 70 年代,在美国联邦政府的资助下开始在美国全国推行,1975 年,采用这种以能力为本的教师教育计划的师训机构已多达 228 所(占 52%)。②

二、教师应具备的素质

当今,人们处在新旧世纪交替的年代,为迎接新科技革命的严重挑战和国际竞争的需要,提出教师教育应以培养"全能型"、"完整型"、"新型的合格教师"、"理想教师"等为目标。如 1985 年,由美国优化师范教育委员会提出的《变革师范教育的呼吁》报告指出:要培养好儿童,"需要一代新型教师"。美国肯特州大学教师改革方案中提出培养"完整型"教师,并认为"现代教师必须是学者"和"教学者";"同时教师工作的成效往往有赖于他们是否与学校管理者、教育同行、社会各界、特别是学生群体建立良好的交往关系,因此教师又必须是良好的交往者;教师须善于运用自己所学的知识,在教学中果断恰当地判断和解决问题,因此教师又

---

① 马骥雄主编:《战后美国教育研究》,江西教育出版社,1991 年版,第 187 页。
② 马骥雄主编:《战后美国教育研究》,江西教育出版社,1991 年版,第 191 页。

必须是个果断的决策者"。①《美国教育基础——社会展望》的著者理查德·D.范斯科德等人还提出应培养理想教师等等。什么是"新型的"、"完整型的"、"理想的"教师？他们都应具备哪些素质？说法是各不相同的,但从总的来看一般都要求未来教师具备以下几方面素质：

(一)广博的文理基础知识、精深的学科专业知识

广博的文理基础知识和精深的学科专业知识是从事教师职业的必要条件。美国克拉克在《为2000年培养更优秀的教师》中谈到：美国的师范生在学术方面的素质,无论过去还是现在都不能适应教学向着更完善的方向发展的需要。他指出,据1973年至1982年的统计,教育专业的学生在参加学术性向测试、美国大学测试、研究生资格考试和国家教师考查中,成绩的下降幅度要比一般的本科学生大得多,而"理智上的好奇心和学术上的造诣是教师职业生涯的立足之本",为此,必须改变这种状况,要求师范生达到适当的学术水平。特别是科学技术飞速发展的今天,只有使师范生具备广博的文理知识和精深的学科专业知识,才能对当今社会有较好的适应能力和应变能力,更好地从事教学工作。美国的马萨莉在《评师范教育》中还谈道,新教师们所持的毕业证书如果能真正反映他们的学术水平,以及对自己所教课程的理解精深,才能保证教师职业的自豪感,恢复人们对他们的尊敬。

(二)掌握教育专业方面的知识和技能

教育专业方面的知识和技能是多方面的。理查德·范斯科德等人提出："课堂教学要求教师至少具备八个专门领域的知识或技能"：

1. 儿童和青年的特征及发展周期；

2. 人们学习的方式方法；

3. 概念的结构、概括、探究的方式,综合知识的范例,以及关于各种学术性科目的专门知识；

4. 教学方法；

---

① 许霆等:《国外现代中小学教师素质研究述要》,载《外国中小学教育》1989年第4期。

5. 认知、情感和心理运动的学习目标；

6. 有助于学习和改善人与人之间关系的价值观念与态度；

7. 交谈、解决和减少矛盾、处理人与人之间关系，以及决定的技能；

8. 使以上七个范畴彼此结合起来的技能。

他们认为，从教育是一门艺术，在教育和教学过程中，教师需要扮演多种角色来看，学习和掌握教育专业方面的知识是未来教师必须具备的素质之一，即使他们成为教育学者。

美国联邦当局十分重视师范生的实际教学能力，要求教师像医生对病人的病情进行分析、诊断、开处方那样解决教学方面的各种实际问题，善于组织各种教育和教学活动，成为教学的"临床专家"。一些州的立法机关还通过了各种"教学效能核定法案"，把师范毕业生的实际教学能力作为其取得教师证书的主要依据之一。美国联邦教育总署改革师范教育的基本师范教育模式，强调采用"师资能力培养法"。1972年美国师范院校联合会所作的调查中表明，当时美国就有半数以上的师范教育专业已经或正打算按照"师资能力培养法"的要求培养师范生，改变传统的单纯以师范生的各门功课的书面成绩来评价和衡量他们是否合格的做法，代之以他们的实际教学能力来判断他们是否合格。教学实际能力大致包括各种能促进儿童智力、情感、身体、态度、知识、技能、技术以及行为等方面发展的能力，加以分类，制成方案，要求学生们掌握。据佛罗里达州的一个方案中，竟有1276条作为一名合格教师应具备的能力。密执安大学列举了2700条作为师范生应掌握的能力。为了培养师范生的实际能力，要求师范生到中小学去，并以所学的教育理论为指导，进行"临床实践"，从亲身的做和尝试中去获得和掌握各种技能、技巧。当然，运用"师资能力培养法"提高师范生的实际教学能力，有许多可取之处，如目标明确、理论联系实际，以及加强师范院校学生与中小学的联系等。但这些年来，美国的一些教育学者也提出异议，认为要求提高师范生的实际教学能力是教师教育的目标之一，但这种培养方式过于呆板、机械，不利于培养未来教师的想象力和创造力。教学是一门艺术，教育的对象是人,这样刻板似的培训是不能奏效的。还有人认为这缺乏客观依据,能力的选择也未得到科学的说明等。

（三）高尚的人格和个性特征

美国也同其他国家一样,认为教师的人格对学生的学习和成长有着重要的作用。要对中小学生进行道德教育,培养他们高尚的人格,使其言行举止符合社会的要求,成为合格的良好公民,首先就要求教师具备高尚的人格和职业道德,良好的个性品质。对于教师职业道德的要求,早在美国师范教育创始人之一的霍尔就提及此问题了。霍尔在其《学校管理讲座》中就指出:教师不仅要传授知识,而且要做青少年的良师益友,在履行公民义务和道德规范等方面都应成为学生的楷模。后来在麻省的莱辛登、贝利和布列奇华特创立的第一批师范学校中,不仅要求毕业生对其所教的科目具备足够的知识,而且还要有高尚的品德、勤奋、愿意献身于教育事业和服从领导。为了建设一个有秩序的国家,为社会培养"良好的公民",这些师范学校除了重视对学生的知识传授和教育方法的训练以外,还相当注意学生道德品质的修养,他们为师范生规定了成套的行为守则,设置了学校组织、州政府法律、智力与道德、哲学等课程,对学生的行为约束严格。1938—1946年,美国全国师范教育委员会对全国师范教育进行了八年的调查,这项调查是由比格罗主持的,通过调查,他们认为师范教育是"促进美国社会进步和民主的重要力量",因此,教师教育应把教师培养成为民主社会的好公民,教师不仅在文理基础知识和专业知识水平方面应该是第一流的,而且应广泛地接触社会,参加社会的实践活动等。教师教育应重视培养教师的个性品质、政治素质、社会能力、理智行为、健康体魄、渊博知识、独立思考的能力、对儿童的了解和热爱、对学校和社会的责任感以及对教育事业和美国生活方式的忠诚。具有民主作风,态度热忱、关心学生,帮助学生进步等品质[①]。同时,教师应有自己的兴趣爱好等个性特征。

---

① 成有信编:《十国师范教育和教师》,人民教育出版社,1990年版,第128页。

第二节 英国教师教育的目标

英国教师教育目标按程度划分可以分为两个层次。一个目标是培养中小学校合格师资。英国的教育学院（以前称师范学院）、技术教育学院、艺术师资培训中心、开放大学以及综合大学教育系（教育学院）开设的教育学士学位课程或教师证书课程，都是为实现培养合格师资这一目标的。另一个目标是培养中小学骨干教师。综合大学教育系（教育学院）设置的教育硕士、教育博士课程，以及为在职教师提供进修的课程，这些都是为了培养学校骨干教师。下面分别阐述这两个层次培养目标的具体要求。

一、培养合格教师

英国中小学教师的平均学历程度早已高于本科毕业的学历。在教育学院、技术教育学院、艺术师资培训中心、开放大学等教育机构中，除了设置人文、科学、数学、艺术体育等学科专业的学士课程外，同时也开设教育学士课程，学生可以在获得某专业领域证书的同时也获得教育学士证书。教育学士证书制度的形成就是为了培养合格的教师。

教育学士证书课程一般由四门科目构成，这四门科目在各教师教育机构大同小异，但是一般而言，对培养中学合格教师和对培养小学合格教师，所要求学习的科目不同。例如，为将来当中学教师的学生开设的科目有，中学课程理论研究，中学各科教学法等，而为将来当小学教师的学生开设的科目则包括，儿童心理学、小学教学法研究、课堂教学心理学等，这些科目的差异是培养目标不同的体现。但是，无论是培养合格的中学教师，还是培养合格的小学教师相同的课程科目仍占主导地位。这些科目包括教育哲学、教育社会学、教育行政与管理、比较教育学、教育测量与评估、电化教育、教育心理学等等。

教育学士所要求的四门课程，一般院校都规定两门必修，两门选修。

另外，许多中小学教师的来源不是毕业于专门培养教师的机构，而是从综合大学的文、理、工、农、医、艺术、体育等专业毕业的，在获得了相关专业的学士学位后,又在大学教育系(教育学院)学习了教育课程,获得教育学士或教师证书后才走上教师岗位的。

综合大学教育系(教育学院)承担着教师教育目标的双重任务。一方面为培养中小学合格教师服务,另一方面为培养中小学骨干教师服务。在为第一层次目标服务方面大学教育系的职能与其他院校无显著差别,但在为第二层次目标服务方面大学教育系则表现出一些特殊的职能。

二、培养骨干教师

为了培养中小学骨干教师,同时也为了培养高等院校教育学科教师,培养教育科学研究人员和教育行政人员,英国的大学早已形成了教育硕士、教育博士学位制度。这种目标的教育通称"高学位"(Higher Degree)教育。

由于历史传统的影响,许多综合大学仍把教育博士(ED)归为哲学博士(PhD)范围,授予哲学博士学位。甚至仍把教育硕士(ME)称为文科硕士(MA)、理科硕士(MSc)或哲学硕士(MPhil)等。

下面以伦敦大学教育学院为例,看一看为实现培养中小学骨干教师的目标,对学生入学资格和培养过程的具体要求。

对于申请攻读硕士学位的学生,学院规定最低条件应是获得次优等学士学位(a second class honours degree)的学生,或者是学院认可的相当于次优等程度的其他专业毕业生。由于该院某些课程的特殊性,所以对某些申请者还额外要求具有两年相关的实践经验,或者两年的教学经历。有些专业科目学习必须要求学生具备教育工作经验。也有些专业学习要求提交资格论文,否则不予接收入学。

没有毕业的大学生,如果已经在大学全日制课程学习超过两年时间了,所学的专业与要申请的硕士学位专业一致,并且学习特别优异者,也可以通过两种途径转入硕士研究生的学习。一种途径是在他们学院高等文凭(Advanced Diploma)科目中有一个科目得到了优秀成绩(在其他高等院校同类程度同等科目的成绩也可以),并且该科目是开设硕士课程的系认可的与进一步学习和研究相关的科目。另一种途径是提交一份令人满意的个人经历介绍,同时还要通过两门考试,这两门考试的科目与硕士学位科目相关。

伦敦大学教育学院培养中小学骨干教师的目标中,特别强调申请高学位的学生有各种各样不同的背景和资历。这些背景和资历对一个教师是十分必要的。他们为那些不符合正规入学条件的申请者提供的学习机会就是为了实现其培养骨干教师的目标。有些人没有大学本科文凭和学士学位,但是,只要他们个人经历丰富,有一定的学习背景和工作经验,也可以申请进入硕士学位学习。具体而言,这些人的经历材料必须包括:

一系列各自独立的书面材料,发表的文章著作均可以。每一份材料都是申请者不同时期工作和学习背景,取得的成绩,以及积累的经验的真实反映,这些书面材料和计划攻读的硕士学位方向一致。在提交的书面材料中应尽可能反映申请者现有的水平,所以可以包括工作报告,出版的研究成果,为学校编制的教学计划或编写的教学材料,以及开设课程的教案等等。这类材料提供六件以内为宜。

申请者在提交上述材料时,还应提交一份说明,阐述为什么申请者的以往经历和背景材料与硕士学习相关联,即申请攻读硕士研究生的目的意义到底有哪些。伦敦大学教育学院坚信,按照这样的程序要求申请入学者是保证培养中小学骨干教师的关键的第一步。

在申请者提供了全部书面材料后还要参加两项考试,考试方法有三种。

第一,3 小时的书面笔试。通常由 3 个问题构成,这些问题与高等教育文凭相关,或者与教育学院内各系的专业相关。

第二,在规定时间内就某个问题写一篇评论性文章。

第三,硕士生导师出题目,让申请者写一篇 2500 字以上的论文。题目应不止一个,供申请者选择。

该学院还要求各系为申请者举办座谈讨论会,或举办讲座,以使申请者更好地完成考试要求。

对于大学本科在读生转读硕士学位者,其本科学习前两年成绩没达到次优等以上者如果申请读硕士学位也必须通过一项特别资格考试,其考试方式也是上述三种。

伦敦大学教育学院为培养中小学骨干教师所设置的教育博士和教育硕士共有四种,因历史传统的延续,这四种学位的名称都不包含教育一词。这四种学位分别是哲学博士、哲学硕士、文科硕士和科学硕士。申请学习者大多是在职教师。这些学位课程除了在教育系获得外,也可以在经济学系或自然科学系获得。学生在哪个系注册读哪种学位主要依据是原有的知识背景和工作经历。

攻读文科硕士和科学硕士的学习方式是跟随课程计划听课,修满必需的学分,同时还要参加书面考试,完成各门科目的作业,写毕业论文。

攻读哲学硕士和哲学博士的方式是承担科研课题,还要提交毕业论文。论文可以通过口头答辩形式鉴定,也可以不通过口头答辩,只通过通讯评审形式鉴定。

为保证培养目标的实现,学院要求学生在注册时申明课外在社会的兼职情况。学院全日制学生每周课外兼职不得超过 10 小时。半日制学习的学生一般是那些因经济原因或工作需要的原因,不能脱产学习的那些人员。也有个别因在家中有抚养 11 岁以下子女的家长们获准参加半日制学习。具体学习期限如下:

学位	全日制	半工半读制
文科、科学硕士	12 个月	24 个月
学分制计划的文科硕士	12 个月	24～48 个月
哲学硕士	2 年*	3 年*
哲学博士	2 年*	3 年[6]

＊凡是允许在任何学期始学的而不只是在 9 月份始学的学生,全日制学习期限不得少于两个公元年度,半工半读制学习不得少于 3 个公元年度。

从以上对英国教师教育培养目标的分析和介绍中我们可以看出,英国教师培养目标从层次上划分有合格教师目标,以获得教育学士或教师证书为主要学历标志;还有骨干教师目标,以获得教育硕士和教育博士为主要学历标志。

另外,我们还可以从培养教师的就职岗位划分,其教师培养目标有中学教师,也有小学教师,每位教师之所以选修的课程不同,是因为他们在中小学实际工作中承担的教学工作任务不同。这些情况和我国的各级师范院校的分工不一样。我们培养小学教师的目标一般由师范学校承担,而培养中学教师的目标则由师范学院或师范大学承担。我们是在不同级别的教育机构承担不同的培养目标的任务,英国是在同等级别,都是高等教育机构里,通过课程分化培养不同目标的教师。

第三节　法国教师教育的目标

在教师教育发展的每一个重大时期,法国政府都以不同形式规定出教师教育的目标,这些目标就成为不同时期教师教育发展的方向、依据和评价标准。最近一次是 1988 年公布的勒逊报告。在该报告中法国政府规定的未来教师的模式,也就是法国在面向 21 世纪教育发展的一个相当长时期内教师教育的目标所在。该报告具体描绘了 21 世纪法国社会与教育所需要教师的形象:"一个因其知识与才能而受聘并全力以赴投入职业的人,一个不断获得职业经验的人,一个能够完成相当多令人振奋的任务的人,一个富于真正的创造精神并在行使自己的职业或作为学校教学小组成员时决心发挥这种精神的人;一个准备承认,从事任何职业都意味着个人或集体的成绩在发生变化,并愿意从中汲取经验教训的人;一个能以其工作影响其工资待遇及职业生涯的人;一个从人品到职业都受到尊重的人。"

该报告对教师教育培养目标的具体描述集中在职业素养、创造能力、工作成就和个人品质四个方面。在某种意义上可以说,这也就是今后法国教师教育发展的重要参照系。它突出体现了未来社会发展对教师的期待与要求，是教师教育管理各个环节都必须研究与考虑的主要问题。

同时，法国对各级教育的教师培养也在改革过程中提出了相应的目标和要求。这些目标与要求来自对各级教育面向未来规定的新的培养方向，来自于国家教育事业的发展的总任务，也来自于新一代青年和国民自身对教育的要求。应该强调，本世纪 80 年代以来，随着社会与经济发展对学校教育要求的提高，教师培养目标的职业部分日益受到重视。

一、母育学校教师教育目标

1986 年法国国民教育部公布了《对母育学校的方向指导》，规定了母育学校的目标：使儿童受学校教育；使儿童社会化；使儿童学习和练习，并且在每一目标中都规定具体的要求或作了必要的说明。

为了实现这些目标，法国对母育学校教师提出了具体要求。这些要求就包括：扎实的普通文化基础，不同活动领域的学科知识与教学能力，对儿童的真正了解。法国特别强调母育学校教师必须对儿童有真正的了解与关心。这即是法国母育学校教师教育的目标。在母育学校教师培训中十分强调与儿童发展与教育有密切关系的基础学科的学习，如，遗传心理学、普通心理学、儿科学、营养学、神经学、精神分析学、社会学、学科教学法研究等。强调必须在教师教育中掌握好基础学科知识，任何一种理论都不是教条，都不能直接运用于教育实践；但教育实践也不能没有严格的理论培训。

二、小学教师教育目标

法国小学教育的目标是保证学生在智力、道德和身体等方面获得全面的发展。为此初等教师教育的目标便是培养能实现小学教育目标的教师。在科技日益发展的当代，法国小学教育目标增加了使学生初步了解有关计算机和程序编制的知识。与此相应，初等教师教育的培养目标便注入了具有一定的计算机知识与能力的因素。为此，开办了计算机培训中心,对在职教师进行有关培训。

三、中学教师教育目标

法国初中长期以来一直是法国教育发展的一个重点。初中教育也暴露了法国教育的弱点。教学质量不高,学生学业失败困扰着初中教育。1984 年 11 月 19 日法国前任教育部长谢韦纳芒出台了他的初中教改政策,认为初中是法国教育系统中最敏感的环节,必须重点进行改革,方向是同学业失败作斗争,提高教学质量。为了适应初中教育改革与发展的要求,谢韦纳芒强调初中教师必须有更高水平的科学知识和足够的技巧,从而提出了初中教师教育的更高的目标。

1986 年法国公布了谢韦纳芒的法国教育《重大的方针与决定》。该文件反映了教育改革在法国的重心移向高中,重申了法国政府制定的宏伟目标,即到 2000 年,将同一年龄组的人达到高中毕业水平的比例提高到 80％。他们认为,在经济大战中,部队不是由士兵,而是由工人、工程师和干部组成的。国家发展需要素质很高的工人、职员、技术员、工程师、研究人员和干部。一位法国领导人曾强调,教育应该培养在法国历史上最有造诣的一代人。当然,上述目标也是要满足新一代法国青年男女获取好的职业,实现美好个人生活的愿望。

与此同时,法国提出了高中毕业生应达到的要求:成为有责任感的公民;理解所生活的世界;理解人的感情、自然规律、社会运动规律;具有批判精神等。为实现这一培养目标,法国突出地采取了增加科技类高中毕业生数量和比例,强调人文学科的重要性,更新文科教学等重大改革措施。

为了提高高中教育质量,完成上述培养目标与教育发展目标,法国重视教师教育,特别是决定改进师资培训中的职业部分,并明确提出了高中教师培训的目标,即"未来的教师应该初步学会本学科的教学方法。他们应该学会了解教育系统,了解课外和校外发生的一切,因为他们所教的大部分学生总有一天要进企业工作。最好他们自己也到企业中去实习——这不仅仅适用于技术教育的教师。"①这个高中教师职业培养的目标强调了在新的历史时期职业培养的重要性,教师掌握职业技能,了解学校与社会需求的重要性。这对法国从总体上提高高中教育质量产生着积极的影响。

1989 年出台的《教育方向指导法附加报告》中,法国面对世界与欧洲的变化,面对日益接近的 21 世纪,明确地提出学校教育的"宗旨是通过对其教学目标的反思和革新,培养适合于明天的女子和男子,使他们在其个人生活、公民生活和职业生活中能够全面地承担职责,并具有适应、创造和团结的能力"。② 该报告还依据上述学校教育宗旨,规定了法国教育的具体目标,其中包括:"使每个年轻人逐步确定自己的学业方向;使所有青年都达到一种被认可的教育程度(至少获得职业能力证书或职业教育证书);使 4/5 的学生达到业士水平;使所有要求接受高等教育的业士学位获得者(或具有同等学力者,持有同级证书者)均被接受入大学;使教学在其方法和内容上对国际合作和欧洲建设更加开放"。

为了适应上述法国学校教育的宗旨与目标,面向未来,进一步提高教育质量,法国提出要发展真正的教师职业培训,并且明确规定了教师共同的基础培训的目标:

1.掌握为设计、控制和变换学与教的情境所必须的知识、技能;

2.了解学校和学生以及学生所处的经济、社会与文化环境;

3.具备交流和信息技术方面的能力。

1989 年法国教育改革中提出的教师教育的上述目标,不仅要求教师了解学校与学生而且要了解宏观社会环境,特别是微观社会环境的要求;突出了掌握现代教育技术与手段的重要意义。因此,该目标体现出在现代社会中教师职业培训的现代特征,体现出教师职业培训的不可忽视的价值。

---

① 瞿葆奎主编,张人杰选编:《法国教育改革》,人民教育出版社,1994 年版,第 516 页。
② 同上,681—682 页。

第四章 教师教育的课程

课程是学校赖以存在和发展的必不可少的条件,没有课程就谈不上学校的存在,更谈不上学校的发展。因为,各级各类学校要成其为学校,必须解决三个问题;这就是为什么教、教什么、怎样教的问题;为什么教?是教育目的即培养什么人的问题,教什么是课程,即用什么来培养所需人才的问题,怎样教是方法即如何培养人的问题。如果没有课程或我们所说的教学内容,实现教育目的就是一句空话,没有课程或内容也就谈不上怎样教的问题。可见课程是学校存在和发展的必要条件。

课程也是学生赖以成长和发展的必要条件。因为学生的成长和发展,特别是心理或精神方面的成长与发展离不开各门科学知识、离不开对客观世界的认识,只有掌握了各种学科知识,认识了客观世界,学生才能健康地成长和发展。而且可以说,学生的健康成长和发展正是在掌握各门学科的知识、认识客观世界的过程中进行的。

课程是实现一定的教育目的,培养所需人才必不可少的条件,特别是社会进入科技竞争、实质是人才竞争的今天,课程设置如何,是反映科技现代化的最新成就如何制约着人才培养的质量、制约着一个国家的竞争实力的重要条件。

基于上述认识的提高,为此,现代各国教育界都极为重视课程的研究,对包括教师教育在内的各级各类学校的课程设置与安排都进行了反思和改革,以适应社会对培养人才的要求。对教师教育的课程设置与安排也进行了积极的探讨与改革。

第一节 美国教师教育的课程

教师教育的课程设置与教师教育的目标直接联系着。由于美国是一个分权制的国家,各州对教师的要求不同,以及教育界对教师教育目标的认识不一,因而在课程设置与安排方面必然存在着差异,认识也是不同的,主要表现在以下几方面:

一、强调教育专业知识的重要性

这种主张者们认为,教师教育的目标主要在于培养"教育工作者",课程的设置与安排要着眼于学生就业前的准备,掌握"教学艺术",使学生具备适应教学活动需要的种种知识和能力。因此,强调教育专业方面课程的重要性,在课时的安排上比重较大,如美国战前的师范学院中,教育专业课所占的课时比重一般都占40%,有的甚至达60%。战后"50年代后期,在大学的教育学院里,必修和选修的教育课程平均在培养中学教师的教育计划中占22%,在培养小学教师的课时中占41%。在师范学院,教育课程所占的百分比更高些,在中学教师的培训计划中占25%,小学教师的培训计划中占45%"。[①]

二、强调文理基础知识和学科专业知识的重要性

这种主张者们认为:教师教育的目标不能是培养单纯的教育工作者,而应把教师培养成为"学者"。课程设置要侧重于使未来的教师掌握宽厚的文理基础知识和精深的学科专业知识。美国著名科学家科南特在其《美国师范教育》一书中,就阐述了"良师必学者"的思想,并为实现这一思想提出拓宽普通教育、加深专业学科(或任教学科)教育、精减教育课程、加强教学实习的师范教育教学计划,其中普通教育(即文理基础知识教育)在培养中学教师的总课时中占50%,任教学科(专业学科)教育占37.5%~40%,两者共占总课时的87.5%~90%。在培养小学教师中,普通教育占总课时的50%,任教学科占25%,二者共占总课时的75%。美国著名学者弗来克尼也认为:让准教师精熟学科是培育师资最重要的一件事,除了完整的博雅教育和少数够水准的学科如教育哲学等外,准教师所需要学的其他方面知识,都可以从教学实际的经验中获得。

---

① 马骥雄主编:《战后美国教育研究》,江西教育出版社,1991年版,第180页。

这种主张虽然遭到批判,但到 80 年代中期以后,在美国的部分地区仍有所表现,如有的州政府取消教师修习教育学分的规定或降低教育学科的必修学分;有的州政府甚至让没有受过教育专业训练的人担任教学等。

三、强调社会需要的重要性

这种主张认为学校教育与师范教育是达到公正社会的重要因素,学校应与其他进步势力结合起来规划重建美国社会,师范教育要把教师培养成为重建美国社会的人。因此,师范教育的课程设计与安排要重视社会的需要,使准教师能发展一套适当的社会哲学以及教育哲学,从事社会改革的热忱,不能只重视教学艺术而与社会需要相脱节。随着现代教育国际化潮流的要求,美国的州政府官员还应为教师提供更多的机会,使他们学习更多的知识,如外国地理、世界历史和外语等。

四、强调学习者发展的重要性

这种主张认为,师范教育的目标在于培养新的、以儿童为中心的进步主义学校的教师,因而在课程设计与安排方面,强调按照学习者发展的自然顺序进行,不能只考虑知识等等。60 年代和 70 年代,这种主张颇为美国教育界重视,一些大学设计并进行了许多实验性的师资培养计划。近来在美国加州伯克利大学推行了"发展的师范教育学程",认为好的教师必须对于发展原则有完整的了解。因此,学生在这个学程(两年制的硕士阶段学程)内,必须修习认知、社会、道德以及语言发展等的理论课程,以后再修运用这些发展原则在数学等学科教学的实习课程。

尽管说法不同,各州情况各异,但总的看来,对未来教师的课程设置和安排方面还是取得了一些共识,这就是作为一个教师,必须具备广博的文理基础知识和精通的专业学科知识,以解决"教什么"的问题,同时又必须具备坚实的教育专业知识和实际教学的能力,以解决"如何教"的问题,这是教师教育课程设置与安排的标准和结构,缺少任何一方面都是不行的。美国"优化师范教育委员会"的报告书《变革师范教育的呼吁》(简称《美国师范教育学院协会报告书》,1985 年),《以 21 世纪的教师装备起来的国家》(简称《卡内基报告》,1986 年),"霍姆斯协会"的报告书

《明天的教师》(简称《霍姆斯报告书》,1986年)是80年代中期以来美国关于改革师范教育最有影响的三个报告,虽然它们的侧重点不同,但也都不同程度地反映了课程改革既要重视文理基础知识和学科专业知识水平的提高,又要重视师范生教育专业方面的理论知识和实际教学能力提高的思想。并对师范教育的课程改革提出了设想,其要点主要是:加强文理课程的完整性、连贯性和成熟性;强调掌握任教学科的目的、来源和结构;建立文理课程及学科课程的教育学基础;把教育作为一门学科来研究;加强学科教育学的研究;加强对教师学习过程的研究;加强对评价教学过程及评价教师工作表达的研究,以及大学与中小学校的联系等。

基于上述共识,美国各州师范教育的课程大都是这样设置和安排的:

文理基础知识方面的课程:①

1.大学学习入门指导。

2.哲学、社会科学、人文科学:哲学、历史、政治经济学、社会学、伦理学、人口生态学(与自然科学交叉的学科)、家庭社会学、宗教(主要是在私立大学)、法律与哲学、人类学、英语与语言艺术、外语、古典语文(拉丁语、希腊语等)、演说、文学概论、东西方文明、戏剧以及小说名著等。

3.数学与自然科学:高等数学、概率论、数理逻辑、人体生理解剖学、生命科学、人类生物学、地质科学、物理、化学、天文、地理、心理学、电子计算机科学等。

4.体育与艺术修养:体育基础知识和各种体育运动、音乐基础知识、音乐欣赏、艺术研究、美术、舞蹈等。

以上课程一般安排在大学本科的一、二年级开设。关于课程的名称和内容各州的各大学并不完全一致,也不要求学生全部攻读,目的是使师范生在哲学、社会科学、数学、自然科学和文化艺术等方面奠定宽厚的基础。

学科专业知识方面的课程:

这方面的课程是指师范生——未来教师根据将来所要教的课程而

① 成有信编:《十国师范教育和教师》,人民教育出版社,1990年版,第130至131页。

修习的主修课程和副修课程。可以是一个主修课程和一个副修课程,也可以同时专攻两个主修课程和副修课程。

教育专业知识方面的课程:[①]

1.教育专业指导:主要通过"教育概论"使学生了解教师职业的性质、任务和特点、教育工作在社会中的地位和作用,以及师范生的生活目标、个性特点、哲学观点与个人需求与教育工作的联系等等。教育专业指导一般是三年级学生在选定师范教育专业时必修的第一门课程。

2.教育专业基础课:包括心理学与发展科学、学习理论、教育社会学(或教育原理)、课程与教学、教学评估、阅读教学、现代化教育传授技术等。

3.教育专业课:是师范生结合自己将来所教学科进一步学习的学科教育理论,如语言与阅读教育、数学教育、科学教育、社会科学教育、学前儿童教育、美术教育、音乐教育、卫生与保健教育等。

4.教育实践活动:主要包括临床实践、现场实践、教育实习与讨论等。

临床实践和现场实践。临床实践是指在教育学院内,对教育的某一环节、问题、方法或理论进行观察、分析研究和实验。现场实践是临床实践的继续和发展,是在教育现场的具体实践中,继续对教育的某一环节、问题、方法或理论进行观察、分析、研究和实验。临床实践和现场实践贯穿于整个师范教育的过程中[①],和教育理论的学习结合在一起进行,是教育实习的必要准备。

教育实习与讨论。这是美国师范教育课程的重要组成部分。实习期限安排较长,一般是占用第四年级的一个学年,约 15 周左右。

关于教育专业课程的安排,虽然各州有所不同,但总的来说,大致有两种模式。其一,就是为 4 年制本科主修或副修教育专业的学生开设,在第一、二年级就要安排一定门数的教育专业课,第三年开始,教育专业课程的比重加大。其二,是为五年制课程,即为已获得学士学位,准备从事教育工作,但还未修教育专业课程的学生而开设。学生在用 4 年修完其他学科专业并取得学士学位以后,再用 1 年时间集中学习教育专业的课程。

---

① 成有信编:《十国师范教育和教师》,人民教育出版社,1990 年版,第 132 至 135 页。

第二节 英国教师教育的课程

英国教师教育课程长期有学术性课程和专业训练课程各占多大比重的争论问题。60年代以前大学教育系和教育学院内部的课程比较注重学术性倾向。当时设置的学术性较强的、占学时比重较大的教育理论课程主要有教育哲学、教育史、教育社会学、教育心理学等。

70年代英国有人主张教师教育课程分两阶段设置,第一阶段是学术性课程,学完这阶段课程可获得高等教育文凭。第二阶段是专业训练课程,专业训练课程应和教师证书挂钩。但是两类课程比重关系如何界定,在实践中如何安排教学计划,使之真正具有操作性,这些问题长期争论不休。事实上,1975年英国取消地区师资培训组织这一举措就包含着否定偏重学术性的倾向。此前,在大学教育系负责监督各地区教师教育课程标准时,课程具有明显的学术性倾向。

80年代以来,英国教师教育课程改革有了一些新的进展。1983年3月政府公布的《教学质量》白皮书,对各教师教育机构课程标准作了新的规定,具体要求如下:

第一,教师的教育和职前训练至少应有二年时间学习专业课程,未来的中学教师应学习1～2门将来所要教授的专门学科,未来的小学教师应学习与小学课程相关的较广泛的课程内容。

第二,教师职前训练课程应充分重视教学方法方面的课程,使师范学生明确熟悉他们的专业知识,在教学过程中针对不同年龄阶段、不同需要和不同能力的学生时,应选用不尽相同的教学方法和策略。教学方法课程应成为教师教育课程的重要组成部分。

第三,教师教育课程设置应与中小学实践经验紧密联系,中小学校教师应加入到未来教师的培养工作中来。各教师教育机构均应突出对学生教师技能的培养。

以上3条标准从1983年9月起开始实施。英国的这一举措不仅填补了因否定大学教育系制定课程标准而造成的课程管理真空现象,而且为今后推行中央统一的课程监督体制迈出了重要一步。1984年英国成立了教师教育课程鉴定委员会(CATE),表明英国政府统一管理教师教育课程进入了实质操作阶段。

《1988年教育改革法案》颁布后,英国中小学校陆续开始实行统一的国家课程计划,在这种形势下教师教育课程又面临新的挑战,要求教师教育课程与中小学校的国家课程相吻合。

进入90年代以来,英国教师教育课程在全国课程监督委员会的统一监管下,在国家教育行政部门的敦促下,正朝着注重师范生能力培训、注重实际操作本领训练、注重与中小学教育教学实践密切结合的方向发展。

英国现行的教师教育课程:

英国多种类型教师教育机构并存,这就决定了其课程设置也是多种类型的,在各种类型课程中,大学教育系和各地教育学院的课程门类齐全,有代表性,下面介绍一下它们的课程。

首先,大学教育系的课程。

大学教育系设置的1年制研究生教育证书课程主要由三部分构成。一是教育理论课程;二是教学法课程;三是教育实践课程。教育理论课程包括教育哲学、教育史、教育社会学、教育经济学、比较教育学、教育心理学、教学论、教育管理学、教育统计学等等。教学法课程包括英语语言教法、英语文学教法、法语教法、德语教法、数学教法、科学(物理、化学、生物)教法、历史教法、计算机教法、体育教法等等。教育实践课程是指到中小学校去进行教育调查和教学实习。各类课程各占总课时的比重因各校不同而不同。但是一般而言,教育实践课程占8~10周,安排在最后一个学期。教学法课程一般是自入学时开始到结业为止,每周4课时。学生选择教学法课程时要求与大学本科所学专业一致。例如,大学期间学习数学专业的学生,就应选择数学教学法课程。教育理论课程分为必修课和选修课两种。其中教育史、教育社会学、教育哲学、比较教育等课程被许多大学列为必修课。教育理论课程要求每个人至少学习8门。

其次,各地教育学院的课程。

教育学院学制比大学教育系长,所以其课程也比大学教育系丰富多样。教育学院课程大致可分为4种类型,即学科主课;教育理论课;教材教法课;教学实习课。学科主课就是要求学生入学之后确定1门课程为自己的主要学科课程,然后再确定1~2门辅主修课程。这些学科一般都是与中小学校设置的课程相吻合的,如数学、科学(物理、化学、生物)、语文、外国语、地理、历史、手工技艺、计算机等。目标在于培养小学教师的教育学院,除了要求学生把语文和数学作为学科主课外,还要求学生广泛阅读和选学其他学科。

教育理论课程与大学教育系的设置无更大差别,但是教育学院开设的教育理论课程分散在4年期间排列,时间显得更充裕些。教材教法课程比大学教育系的教学法课程充实一些,不仅研究相关学科的内容,还要研究流行的各种教材版本,以及相关的教具、视听手段、课堂组织等。教学中经常组织学生到中小学校参观考察。教学实习课程安排15周左右,但各学院情况不同,多则达20周时间。

下面着重介绍一下英国赫尔大学的教师教育课程。

赫尔大学教育学院是英国教育学院中中等规模的教育学院,很有代表性。该学院提供的课程有教育博士、教育硕士和教育学士(教师证书)课程。在此主要介绍教育硕士和教育学士课程门类及其课程内容概况。

该学院教育硕士课程门类主要有如下几种。

1.教师教育学和教师职业。该课程内容包括:国家有关教师政策;教师组织及顾问团体;教师需求与培养规划;教师培训机构;不同社会中的教师;教师的种类与地位;其他职业及其与教师的联系;教师社会心理学。

2.道德教育。从哲学、心理学、社会学和实践的角度研究道德教育;道德的本质和道德决定;康德、穆勒的道德伦理价值观;学校交往与信仰系统化、个体社会群体化过程;道德发展、态度、人格与认知;引导、咨询、纪律与少年犯罪等实际问题。

3.教育组织与管理。本课程可集中研究一个方面的教育组织与管理,例如:初等教育,8~13岁的中间学校教育;中等教育,16~19岁的教育与训练,教师培训等。本课程又可划分为A、B两种。

课程A:中等教育组织与管理。

这种课程侧重于在中等教育的国家层次、地方层次和学校层次上的组织与管理问题,重点研讨中学学校内部的管理理论与实践;研究综合中学的演变历史;比较各种重新组合的学校类型;中学组织类型及其问题;中等学校课程及其组织;学生群体组织管理方法;牧羊式组织管理(Pastoral care arrangements);计划的制定;管理的革新。

课程 B:初等学校,8~13 岁学校,16~19 岁教育机构,以及教师培训的组织与管理。

这种课程可以理解为由两个部分组成。

一部分是组织。教育系统的结构、功能、规划与发展;教育体制的构成,国家、地方和学校各层次的领导机构;在教育政策中的经济和政治因素;权力的分配。

另一部分是管理。在工业和教育中的管理结构与管理过程;管理思想与管理趋势分析;管理理论在院校实践管理中的应用。

上述两类课程所涉及到的教育组织与管理包含了教育的各层次(幼儿园、小学、中间学校、中学、继续高等教育机构、教师培训机构),也包含了教育的不同隶属机构,如国家资助的普通学校和特殊学校,自愿团体资助的学校,独立的学校等等。但每个学生选课时可以集中研究一种类型一个层次上的教育组织与管理。

4.教育史与教育资源。内容包括:17 世纪英国教育的发展;基督教的城市的市民的教育资源研究;17 世纪作者的教育著作选读。

5.哲学与教育。内容包括:哲学运动的本质;传统哲学的主要派别;20 世纪英国哲学;语言的应用;语言与逻辑;教育中的语言和概念;价值观及其在教育和社会中的角色;教育目的;知识与课程;柏拉图、洛克等人的哲学观点及其教育理论。

6.学科课程发展研究。本课程主要是结合某特定学校或某特定年龄段的一个特定学科研究其课程内容范围、课程编制方法、教与学的方法等。

7.成人教育。主要内容包括:成人教育目的;英国和国际上的成人教育历史;成人教育社会学;成人教育组织机构;成人的学习与教学。

8.维多利亚时代的宗教与教育。本课程将详细研究维多利亚时代人们的宗教意识;研究当时教育理论与实践方面稳步增长的民主思想;研究科学思想的进步作用及其对教育的影响。

9.儿童在教室、学校和社会中的行为研究。主要内容包括：儿童智力、语言、道德、态度、人格的发展；文化、家庭、伙伴关系对儿童情感、态度和成绩的影响；社会环境对教室学习的影响；学生团体、风气和学生集体的作业；儿童学习与教师情感、态度和期望的联系；观察教室的技巧；学校中的指导与咨询。

10.国际比较教育。本课程由下述 a 和 b 构成，再加一个，从 c、d、e 中任选一种。

a.比较教育系统研究：比较教育研究领域的出现与变革过程；比较方法论的运用及存在的问题；教育中的政治因素；多元论与教育的差异，特别是城乡、性别和语言方面的差异；体育、群众娱乐活动与竞技问题的国际展望。

b.国际教育研讨：根据学生提交论文的情况选择一些题目进行系列讨论。

c.美洲教育：美国教育问题、特征及其演进；拉丁美洲教育问题举隅；加勒比海地区教育、经济、社会的历史与现实。

d.教育与发展：本课程包含范围广泛，主要研究与社会和经济发展相关的各种因素；比较分析经济发展的各种理论派别；社会各种因素对教育变革、教育过程的运行和教育体制的扩充与更新产生的影响；在历史和现实背景中选择有关问题或案例进行分析。

e.城市与多元文化教育国际展望：研究教育与城市关系的历史与现实；从城市结构动态的人口统计角度考察与教育规划的关系；发展中国家城市化与教育；以几个"西方的"、"共产主义的"、"不结盟的"国家为例研究少数民族和受歧视的群体教育政策等问题。

11.课程论研究。该种课程包括三个内容：课程研究、课程评估和课程改革与创新。学生选择其中两个研究领域，通过写三篇论文的形式考查。研究的重点是学校、教师和学生。注重研究现实流行的课程理论与实践。研究中要把三方面内容联系起来。

12.体育。主要内容是研究体育课程发展与评估；从社会学的角度研究体育;从教育目的角度研究体育。

13.学校环境中的计算机。主要研究计算机和微电子技术对社会产生的影响;侧重研究计算机与教育训练的关系;研究计算机在学校课程和教学过程中的作用;教学程序和材料的应用与评价;计算机技术;计算机教育的内容、方法、价值及其测评。

14.电化教育的应用与教育技术学。主要内容是研究教育技术学的各个问题,包括教育技术学的历史、程序教学的发展与评估、凯勒(Keller)的个人教学系统、波茨莱维(Postlethwait)的视听教学系统、计算机为基础的学习系统、信息技术的革新与应用。此外,还将包括人类信息处理心理学理论、认知发展理论、各种传播媒体教育效应、传统粉笔与口授形式到现代电视参与系的转变。

以上14类课程是赫尔大学供硕士生选择的课程,实际上这14门课程是14个研究方向,每个研究生任选其中一个方向。选择方向之后,根据有关要求听课、参加讨论班、写书面作业、搞调查研究、提交毕业论文,最后才可获得硕士学位。

赫尔大学开设的教育学士课程门类如下。

为将来当中学教师开设的课程有:

1.课程论研究(中等教育);

2.教育组织、行政和管理;

以上两门课程为必修课,然后再从下述课程中选择两门选修课程。

3.教育理论与实践发展;

4.教育的含义与教育目的;

5.国际比较教育;

6.中学各科课程研究(任选一门学科);

7.语言学习与教学;

8.学生评估与能力测验;

9.教育技术学;

10.课堂和学校心理学;

11.数学思想发展;

12.传媒手段研究;

13.学校与学校教育效益;

14.体育和竞技的社会问题。

为将来当小学教师开设的必修课程有:

1.初等教育管理;

2.初等学校儿童研究;

另外从下列课程中任选两门选修课程。

3.教育思想与实践发展;

4.教育的含义与教育目的;

5.国际教育比较;

6.语言教学研究;

7.学生评估与测试;

8.教育技术学;

9.课堂教育心理学;

10.电化教育研究;

11.学校教育的效率;

12.体育研究。

从以上赫尔大学教育学院的教育硕士和教育学士(教师证书)设课的门类及内容可以看出,课程范围广泛、实用、问题较集中。另外,无论硕士或者学士课程,学制都是全日制一年,半日制两年,时间较短。学生在较短的学习期间选择一个与当教师密切联系的专业方向,学以致用,立见成效,这些特点值得我们借鉴。

第三节　法国教师教育的课程

法国教师教育课程分为普通教育与职业培训两大类。两类均属于高等职业教育范畴。教师教育课程中的师范性与学术性之争长期以来困扰着包括法国在内的世界许多国家,影响着教师教育课程设置的指导思想与改革方向。经过多年的实践与理论探索,法国同其他许多国家都认识到,师范性与学术性是教师教育的两大要素,教师教育的课程必须保持这两个要素之间的平衡。

过去法国中学教师由综合性大学人文学科和数学——自然学科系列来培养,缺乏小学教师在师范学校所接受的教师职业理论与实践的培训,尽管中学教师在结束大学学习后有为期1年的职业培训。而小学教师在职业素养方面是比较强的,但其所受培训的程度又不及中学教师。80年代中期的调查表明,法国普通文化和专业学习与教师职业培训的比例为2：1。

法国战后多次进行了教师教育的改革,特别是1986年法国教育部对教师教育课程进行了重要调整,面向教育事业发展的需要,努力使师范性与学术性在较高水平上实现平衡。

80年代中期以后,法国教师教育的特点为:强化文科教学,重视教育理论学习,加强实践环节。这些特点分别反映在中小学师资的培养上。法国师范教育课程如下:

一、师范学校课程

1986年5月20日法国教育部作出决定:法国师范学校属高等职业教育范畴,它负担着与综合大学共同培养初等教师的任务,发挥组织者作用。师范学校对学士实施4年高等学校教育的第二部分。该决定大大促进了师范学校向完全高等教育的靠拢,大大促进了初等教师培养与中等教育教师培养一体化的实现。

该决定还明确规定初等教育培养的课程内容的4方面。

第一方面是教育理论与实践,理论教学为389课时,实践部分为486课时,共875课时,占总课时的46.3％。这方面课程内容有:

1.理论部分:

教育哲学、教育史、教育社会学、普通教育学、心理学幼儿教育

残疾儿童的适应与一体化

外国和外籍儿童就学问题

2.实践部分:

幼儿教育学校实习

小学低年级实习

小学中、高年组实习

初中实习

责任实习

第二方面是学科教学,内含小学教育,幼儿教育所开设的各学科的知识和教学法,具体包括如下内容:

法语

数学

科学与技术(其中有计算机教育 70 课时)

历史、地理、公民教育

体育

艺术教育

第三方面是初等教育教师的行政与社会作用。这方面内容的设置也是一个改革。改革的目的就是将过去课程中教育制度与教师职业道德方面的内容再加上教育环境的内容成为一个新的教师教育课程范畴。共 120 课时,占总课时的 6.3％。该类课程内容如下:

1.理论部分:

教育制度与职业道德

教育环境的经济、社会、文化问题及其对学校的影响

学校的其他教育活动及成人教育

2.实践部分:

娱乐或文化中心的实习

劳动部门的实习

第四方面是选修课。选择课 100 课时,内容有:

第一类、第二类中的一门

一种外国文学和语言

一种地方文化和语言

幼儿教育

选修课即指在某一门课程领域里进行更深入的学习。这对于满足

师范生的个人兴趣与特点发挥,对于他们的能力培养有积极作用。此外,欧共体教育委员会曾建议把欧共体国家的发展列入教育培训课程。这些课程建立的目的是培养教师做好移民子女的教育。不少移民子女掌握不好所住国家的语言,并因此出现心理障碍。在法国这部分学生数量不小,据1986年统计,竟占小学生总数的17%。[1]

二、中等教育教师培养课程

在法国,如果想获得中等教师证书,必须在高等师范学校或综合大学的文学院、理学院接受该证书预备课程教育。开设该类课程的高等师范学校有圣克鲁男子高等师范学校和玫瑰泉女子高等师范学校等。

圣克鲁男子高等师范学校和玫瑰泉女子高等师范学校修业期3年,获得教育学士学位后,方可参加证书考试的准备,证书考试及格还须在地方教育中心接受1年(现延长为2年)的教育训练。其教育课程有如下三个方面:

(一)教育理论部分:

1. 教育心理学;

2. 教育总论;

3. 学科教学法;

4. 一般教育问题。

(二)学校生活部分:

1. 学生生活情况;

2. 学校教育活动;

3. 学校行政工作;

4. 学校教学活动。

(三)教学实习:

教学实习共27周,分3期进行,每期9周,由经验丰富的中学教师担任实习指导教师。

---

[1] L'ocde et la Nation.1986,N.371,P.10

第五章 教师的继续教育

"继续教育"一词在各国虽有不同,但其基本涵义却形成了共识,这就是指对已获得一定学历教育,并已参加工作的人员所进行的各种各样的教育活动,以便使受教育者不断地更新和补充知识,提高对不断变化的社会和工作需要的适应能力。特别是在社会发展、科技飞速进步、知识陈旧率加快的今天,传统观念上的"有学问的人"发生了根本的变化,即如果说传统观念上所指的"有学问的人"是在某个领域内拥有一定数量、甚至具有相当丰富的理论和实践知识的人,在今天,则是指那些能在极短的时间内为顺利地开展工作、适应社会要求不断地更新和补充知识、技能的人。为此,一个国家要想在社会发展、科技竞争,甚至是人才竞争激烈的时代,提高国力,从而立于不败之地,就必须提高包括教师在内的所需人才的应变能力,不断更新和补充知识。继续教育就显得十分重要,极为各国所关注。

第一节 美国教师的继续教育

一、继续教育的目标

在美国,对继续教育的目标认识是不一致的,各州的要求也不尽同,归纳起来,主要有以下几种认识:

(一)继续教育的目标在于解决课堂教学中所发现的、需要解决的实际问题或在教学中遇到的难题,通过在职进修得到解决,从而改进教学工作,提高教学质量;

(二)继续教育的目标在于提高教师的文理知识水平和专业素养,有助于改变教师的社会地位,特别是改变教师的专业地位,增加教育工作的吸引力;

（三）继续教育的目标在于发展教师的个性，满足他们个人兴趣爱好和特长的需要，这既有利于教师个人的成长，又对他们的教学工作产生有益的影响；

（四）继续教育的目标在于更新教师的知识和技能，以适应科学技术迅速发展、新知识不断增长、知识的陈旧率加快这种新形势的需要。佛罗里达州委员会在要求各学区制定的教师在职教育基本计划中提出：通过在职进修要达到既使教师能够掌握提高教学效果所必要的知识和技能，同时又使教师能够掌握教学和服务方面的更新知识和技能；

（五）继续教育的目标在于达到一定的学历标准，即使未能达到规定学历标准的教师通过在职培训达到标准，即所谓的学位培训；

（六）继续教育的目标应着眼于教师素质的全面提高，而不应局限于某一方面。

上述说法虽然不同，但他们从不同角度、不同侧面谈了教师在职教育的目标，应该说都是正确的。因为，从在职进修者来看，由于他们的文化水平、专业、教学经验以及进修时间长短等方面的不同，必然要求各异。当然，总的来说，他们的要求都是为了实现提高自身的素质，以便改进自己的教学工作，提高教学质量，适应社会发展需要的总目的。因此，作为在职进修具体目标的确定，就应适应不同条件、不同教师的需要，应该是多样的。据了解，美国自 70 年代以来，在教师在职教育方面取得了较为丰富的经验，受到广大教师的欢迎，他们积极参加各种在职教师进修活动，如佛罗里达州在 1973—1976 年间举办的在职教师进修活动，该州 99％的教师都参加了，取得了良好的效果。可以说，其成功经验之一就在于其教师在职教育目标的确定适应了不同条件、不同教师的需要。

当然，有的教师参加在职进修活动的目的在于获得更高的薪金。因为在美国，较长时间以来许多州的学校董事会所制定的薪金等级表是与学位联系起来，甚至是与学士学位和硕士学位以外再学一些课程所得到的学分联系起来的。有些董事会每当教师在学年中或在暑假中进修一门课程，成绩及格，获得三个学分时，就自然而然地增加其薪金。如科南特指出:"在某些州里,法律规定毕业生在担任最低职务后,还要继续接受教育。在所有州或者说几乎所有的州里,如果不是全部也是相当多的学校董事会所制定的薪金等级表,都是这样诱导教师们继续接受正规教育的。"另外,由于许多州里,大部分教师从未学完四年制大学课程,因此,相当多的小学教师正慢慢地通过上暑期学校、午校和夜校积累文理科学分,以得到学士学位,从而获得更高的薪金。因此,有的教师说:"我只喜欢进修课程,我希望这一辈子都能继续不断地进修课程。"

二、继续教育的内容

继续教育的内容受社会科学技术的发展、中小学教学内容的改革以及社会对教师职业不断提出的要求所制约。因此,当上面诸方面发生变化时,继续教育的内容必然要作相应的调整。尽管如此,但从总体看,继续教育的内容仍包括以下方面的课程、普通的文理课程、专业教育课程;教育专业课程等。至于进修哪方面及哪方面的某些课程,则是由教师在职进修的具体目标决定的。

60年代以来,随着新知识的激增、知识陈旧率的加快,许多国家对中小学教学内容进行的改革,必然要求教师进修教育的内容作相应的调整、进行改革。美国当然也不例外。从美国教师进修教育内容的调整和改革来看,主要强调以下方面:

(一)删去陈旧过时的内容,增加反映现代科学技术方面的新成就,更新教师的知识和技能;

美国自60年代以来,掀起了一次又一次的从教学目标到教学内容,以及教学方法和手段的改革,相应地在各州也修订了教师进修计划、改革进修课程大纲,重新编写了进修教材,把一些陈旧过时的内容删掉,增加了一些反映现代科学技术新成就的内容,如核子学、火箭学,电子计算机原理和应用,以及现代教学技术等,以使进修教师掌握新的知识和技能。

(二)对提高教师教学能力有实际帮助的课程;

由于美国较长期地在许多州的学校董事会所制定的薪金等级表与

进修课程联系起来,只要教师在职进修了一门课程,获得了学分时,就可以增加薪金,而不问这门课程的内容如何。这种做法会导致两种结果:即一方面,教师可以选择容易获得学分的,甚至对提高教学能力没有什么帮助的课程,科南特举例说:"比方说一位德语教师因为学习驾驶员课程成绩及格,薪金级别就稍有提高……对一位外国参观者来说,或者对许多第一次听说此事的美国公民来说,这似乎是一种稀奇古怪的做法","这种做法可能是最要不得的,"这种做法容易取得学分,增加薪金,但对教师教学能力的提高没有什么直接的意义;另一方面,举办在职进修的学校可以多开课程,获得一大笔收入,这是一种很赚钱的生意。科南特指出:课程开设的多样性是惊人的,"著名的规模宏大的纽约市私立学院为即将注册入学的教师提供的课程不下六百种,每学分学时收费 40 美元,下午五六点钟用一些课时来上课和做规定的作业。另一所堪与之相比的学院在同样的条件下开设甚至更多的课程。"为了通过在职教育真正提高教师的知识水平和教学能力,因此在教师继续教育的内容方面,强调安排对教师教学能力有实际帮助的课程。

(三)加强理论联系实际。

过去美国教师在职进修的课程,是由大学教师决定的。这种做法容易产生理论脱离实际的弊端,教学过程中产生的问题不能通过进修得到解决。为了克服这种现象,近年来,在进修内容改革中,十分强调理论联系实际。他们一方面积极推广以中小学为基础开办进修课程,其中包括专业课程、大学基础课程、教育专业课程和管理领导课程等,改变由大学教师决定进修课程的做法。另一方面,他们把进修课程办到中小学去,这样既可以吸收更多的在职教师参加进修活动,又可以使教师确认和决定自己的培训需要,解决教学实际中所遇到的各种问题,提高教学能力,受到教师们的欢迎。据了解,佛罗里达州凡举办有这种进修形式的地区,99%的教师都参加了在职教育课程的学习,喜欢这种理论联系实际的进修内容。

三、继续教育的途径与方式

由于美国联邦政府没有统一的规定，各州都根据自己的特点，要求地方学区因地制宜开展教师的继续教育，再加上教师的专业不同，文化素养和知识水平不一，因此，教师继续教育的途径和方式是多种多样、千差万别的。这里只介绍几种主要的途径与方式。

（一）继续教育的途径

在美国，教师继续教育的途径，主要可以归纳为三种类型：

1. 各类高等学校、科研机构开办的教师进修机构，如开放大学、教育中心、教学法研究中心、教师中心等；

2. 地方当局、广大的中小学以及职业学校等举办的各种进修活动。如组织各种观摩教学、教学经验交流会，以及组织教师参观旅行等；

3. 电视大学。电视大学是近年来工业发达国家，也包括一些发展中国家所重视的教师继续教育的途径。这种途径既不受时间的限制，进修教师不必集中到一起，在本乡本地就可以听到、看到教师讲课，使乡村和边远地点的教师也能参加进修，又可以解决教师缺乏问题，即少数教师就可以为千千万万的进修教师讲课。另外，一般来讲，这些少数讲课教师都是比较好的教师，这样又可以保证教学质量，提高进修水平。由于电视大学具有这些优点，它已成为教师继续教育的一条重要途径，既为美国联邦政府所重视，又为广大教师所欢迎。据了解，自 70 年代以来，美国每年都有百分之十几的教师通过教育电视的途径来进修课程。

（二）继续教育的方式方法

美国对教师的继续教育方法有很多，可以分为两大类：一是工作中培训；一是职外培训。

工作中培训主要是指学校的教师在校园内开展的互帮互学、边学边教的活动。如让教学经验丰富的老教师帮助新任教师，教给他们课堂管理的经验，提高他们教学的技能和技巧等。新教师通过听老教师的课，观察老教师如何处理教学过程中的问题和突发事件等，从而学到处理教学和教育问题的方法与经验,尽快地适应教学,提高教学能力。这种在工作中培训的方式对新任教师的成长起着重大的作用。同时,由于这种方式在校内进行,教师又不离开工作岗位,而是在工作中就能得到培训和提高,因而深受学校管理者的欢迎,被认为是一种"最有效的、而且开支也最少"的教师继续教育的方式。

职外培训主要是指教师在任课时间以外,接受校外培训机构的种种不同形式的在职培训。根据不同的校外培训机构,美国教师在职培训的类型大致可分为三类:第一类是由行政当局主办的讲习班和研讨会;第二类是由一些大学和学院为中小学教师开设的课程,如专业教育课程、教育硕士与博士学位课程、学术课程等,这类课程的学习,与教师的加薪、晋升、更换教师许可证等有着密切的关系;第三类是教师中心,联邦政府通过立法和财政拨款等在全国各地建立了约五千多个教师中心,定期举办各种讲座和研讨班,着重解决个别教师的难题和带有普遍性的问题等。[①]

(三)职外培训的几种具体方式

1. 暑期班(或暑期学校)。泰勒认为:"暑期班是美国教师在职教育最重要的方式,"因为"它比农村的教师学院适应面更广,有着大量经过训练的专家"。暑期班的重点在于使教师获得提高教学所必需的知识和技能,以及一般的专业素养;同时也向教师讲授新的教育理论与教育研究和实践的新动态,介绍行之有效的教育实践经验,有利于教师更新知识和技能;帮助教师运用学习的新理论解决自己在教学实践中所遇到的问题,更新观念等,对教师的提高大有裨益。

2. 部分时间制。是指全日工作的教师在下午五六点钟或星期六上午用部分时间去进修课程。这种方式一方面是按州的规定,即教师在取得教师资格证书以后,还要继续在高等学校选修一定的课程,如佛蒙特州的一些学区就规定,教师每年必须在高等学校选修两门课程,学校在

---

① 陈驾:《美国对中小学教师的管理》,载《外国教育资料》1993 年第 1 期。

各方面给以照顾。另一方面,教师通过这种方式,又可以积累学分,获得学士或硕士,甚至是博士学位,取得更高的薪金。由于美国高等学校的研究生院往往把取得硕士学位的期限定为 5 年,博士学位的期限定为 9 年,因而,许多教师就可以通过这种方式报考高等学校的研究生院,以便取得高级学位。

3. 教师培训日。这是美国的一些州规定的。一般要求学区每月安排一次。当然,各州也不完全相同。进修活动的内容主要是学习教学理论或听一些讲座,开展教学研究,以及如何解决教学中遇到的较普遍存在的问题等。这种活动主要是以学校或学区为单位开展。

4. 讲习班和研讨会。讲习班主要针对教师在教学实践中普遍存在的问题而举办的。一般由主办单位邀请有关的学者根据存在的问题进行理论讲授,然后进修教师们进行研讨,并制定改进工作的计划,对改进工作的情况进行检查和评定等。研讨会一般也针对教师在教学中的实际问题而进行,主要内容也是依据教学存在的问题进行理论讲授,也可介绍有关方面的研究成果和经验等,经过研讨使问题得到解决或受到启发,改进工作。

讲习班和研讨会有时分别单独召开,有时两者也结合起来开展活动。

总之,美国在教师继续教育的方式方法上,是多种多样的,既有脱产的、全日制的进修活动,也有不脱产的部分时间制的进修,以及函授等;既有长期、中期、短期课程的进修,又有为解决实际问题的讲习和研讨等。适应了不同教师、不同条件的具体要求,取得了丰富的经验和可喜的效果,使美国教师的职前培养和职后的继续教育有机地联系起来,甚至使职后的继续教育弥补了职前教育的不足。卡内基基金会改进教学委员会于 1988 年对 22 000 名教师进行了问卷调查,其中 40％的教师认为:他们所受的职前教育专业"很差",而 39％的教师认为必须参加的在职进修活动,对他们改进教学工作、提高自己的素质大有好处。在另外一些教育研究报告中,教师们也普遍认为:职前培养与他们的实际教学工作联系不够密切,帮助不大,而真正与教学有关的技能,大多是在担任教师工作以后的前二三年中,通过教学的实践和在职进修学到的。

第二节　英国教师的继续教育

70年代以来英国政府逐渐加强对在职教师的继续教育。1972年英国政府发表的一份教育白皮书接受了詹姆斯·波特(James Porter)的建议,明确提出大力加强教师在职进修的机会,并决定采取以下具体措施:

1.每位工作7年以上的教师可以获得一次一个学期(3个月左右)带薪休假进修;

2.大力扩充现有在职教师进修的机构,进一步发挥高校对师资培养,特别是对教师继续教育的作用,还要通过开放大学及专业教师教育中心的作用,为广大教师提供多种在职进修的机会;

3.适当减少教师工作量,尤其要减少青年教师的工作量,以使他们的进修学习有充足的时间保障;

4.各地方教育局要为教师进修提供方便,安排较高水平的指导教师,并提供必要的设备环境,保证进修教师的质量。

英国政府的上述措施在实践中反映较好。

1976年英国政府又发表了一份教育绿皮书,进一步强调教师在职进修的重要性和必要性。文件指出,要把教师在职进修学习看做提高学校教育质量,提高学生学习水平的重要条件。文件对1972规定的教师进修期限做了进一步修改,把教师带薪学习的3个月延长到1年。

1983年在撒切尔夫人执政期间,英国政府采取了一系列教育改革措施,认为国家的振兴在教育,教育的振兴在教师。这一年发表了《教学质量》白皮书对教师教育改革作了许多规定。其中关于教师在职教育问题,文件明确指出由国家拨出专款,教育大臣亲自负责此项专款用于教师进修。文件还重申了70年代以来政府有关教师在职学习进修的政策,特别强调应保证新教师参加进修学习的时间和机会。

80年代以来直至90年代初期,英国教师在职学习一直稳步发展着。进入90年代以后随着英国教师教育"以中小学校为基地"的改革,教师在职教育也出现了走出大学(学院)校门,到中小学实践中去提供继续教育课程的做法。下面以谢费尔德大学教育系为例,看看90年代英国教师教育机构以中小学校为基地进行教师在职教育的情况。

谢费尔德大学提供在职教师教育的模式。

1988年开始英国开始在中小学校推行国家统一课程计划,其中有些课程在有些学校以前从未开设过,这就使一些学校出现了新课程教师短缺的问题。为了解决这一问题,教师教育除做必要的调整外,教师在职继续教育也应发挥作用。在这种形势下,许多大学教育系和教育学院都制定了新的教师继续教育计划。谢费尔德大学教育系实行的在职教师教育模式有一定的代表性。

90年代以来谢费尔德大学教育系针对中学课程中新增设的"生物工程学"课程,主动走出大学到中学去,和地方教育局配合,提供教师在职培训课程,解决了"生物工程学"教师短缺的燃眉之急。

通过几年实践,谢费尔德大学总结出以中学为基地,大学教育系与地方合作培训在职教师的6阶段模式,如下图:

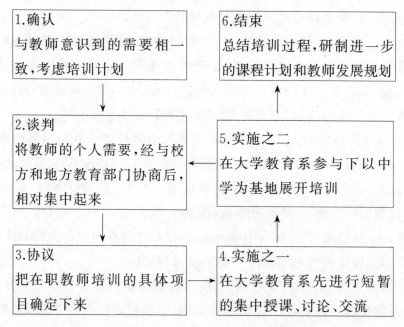

1.确认
与教师意识到的需要相一致,考虑培训计划

2.谈判
将教师的个人需要,经与校方和地方教育部门协商后,相对集中起来

3.协议
把在职教师培训的具体项目确定下来

4.实施之一
在大学教育系先进行短暂的集中授课、讨论、交流

5.实施之二
在大学教育系参与下以中学为基地展开培训

6.结束
总结培训过程,研制进一步的课程计划和教师发展规划

上列图表的具体内容是：

1.确认，即确定需要。在酝酿开展在职教师教育之前，首先由教师提出了受教育的需要。这种需要是学校和地方教育局也都认同的某种需要。教师的需要可以通过地方教育部门负责教师培训的专职人员提出，把教师分散的、个别的和特殊的需要加以归类，然后与大学教育系联系。例如，谢费尔德地区由于中学新增设了生物工程学课程，教师迫切需要进修学习以便胜任教学，这种需要很快引起了地方教育局的重视，开始和大学接触。大学方面教育系教师和生物工程研究中心研究人员配合制定培训计划。

2.谈判，是中学教师和大学教师培训机构的谈判。这种谈判一般由地方教育部门专职人员做中介进行。谈判中教师提出最适合的学习时间、学习地点、学习内容和方法等要求，大学教育系根据各校教师的各种不同要求制定培训计划，计划草案再征求教师的意见。有时大学可提供几种方案由教师选择。

谢费尔德大学认识到教师具有谈判权、参与计划权和选择权非常重要。这是保证教师能够学以致用，能够真正充分利用在职进修机会的关键环节。大学起到服务的作用，起到催促器的作用，尽可能地采取灵活多样的方式以满足教师们的需求。例如，在与教师谈判中发现有的教师要求开设信息技术学课程，这是与生物工程学相关的一门学科，大学方面及时进行了安排，满足了教师的要求。

3.协议，协议是作为谈判的结果由大学制定的计划草案。制定协议过程一般由地方教育局专职人员参加。协议草案制定出来后要交给教师讨论，提出修改建议，由大学修改，直至教师同意之后才最后定下来。确定下来的计划要印发给所有相关部门、机构和相关人员。大学方面以协议为基本依据开展工作。

4.实施阶段一：按照计划开始提供教师教育课程的开始两天，一般安排在大学进行。有时也可在地方教育局提供的场所集中进行。这两天主要是请以前参加过在职学习的老师介绍经验，并且使教师有机会了解大学的书刊、设备条件。提供课程的大学教师介绍学习内容和方法，然后组织在职教师讨论，加深对即将开始学习的内容范围、方式的理解，加深参加进修的人员和组织管理人员的人际交流。

在这最初的两天中，教师们相对集中在一起活动，而不是分成不同的课程组活动，这种混合活动有利于选修不同课程的教师相互交流思想，进行跨学科的交谈，有利于相互启发，丰富各自的知识领域。许多教师反映这两天的活动非常有价值，拓宽了知识视野，增长了见识，为以后提高教学质量创造了条件。

5.实施阶段二：两天引导性活动之后就进入分散的、以中学为基地的教师在职学习的实质阶段。在实施过程中教师一边正常进行教学工作，一边得到来自大学的教师的指导帮助，这种在职进修是边干边学的形式。教师完全分散在不同学校，每位教师的进修计划也不相同。大学方面委派一位专门教师负责与特定的教师联系。大学教师常到中学去和中学教师研究教学问题，遇到知识性难题一起研讨，或带回大学去请教他人。大学教师还要深入课堂和中学教师一起完成某些单元的教学，这样一个周期结束后，中学教师就有信心自己独立完成教学任务了。整个进修过程也暂告一段落。

谢费尔德大学一位教师承担一位担任 9 年级生物工程学的教师进修任务。计划确定后，该教师在整个学期共去中学 5 次，与进修教师共同研究设计单元教学计划。他们在设计完成第一个单元之后，商定下次第二单元的讨论时间，并且下次见面时把所有难点、技术性问题，需要的设备条件等一同加以解决。各单元教学过程中两位教师保持电话往来，及时沟通情况，有的时候大学教师还到课堂了解情况，帮助老师完成教学任务。

当然，在这个阶段每个进修教师需要和大学教师接触几次，大学教师提供的指导与帮助到底应达到何种程度，完全取决于中学教学计划和教师本人承担教学的能力而定。这样的进修学习完全从实际需要出发，和传统的到大学校园系统听几门课的进修方式根本不同。

6.结束。在一个新课内容进修结束后,进修教师一般都感到有信心完成以后的教学任务,并且与大学教师商定今后继续接受指导或咨询的形式。谢费尔德大学在生物工程学这门新课程方面提供教师在职进修成功之后,受益的学校或教师又纷纷提出在其他自然科学、技术和跨学科领域得到大学提供的进修机会,当然仍是以中学为基地的在职进修。

第三节　法国教师的继续教育

一、初等学校教师的继续教育

法国从事初等教育的教师,在职期间享有一年在职进修的权利,可连续使用,也可以分期进行。80 年代各省建立的初等教育委员会参与初等教师培训计划的制定和具体工作的组织。

法国初等学校教师进修的形式有两种:

(一)长期综合进修(时间为 3 个月)。这种形式进修由县督学和师范学校共同管理。在一学年的第一学期,学员在师范学校参加为期 12 周的进修。其间,学员用一周时间返回原校实践所学的知识与技能。然后再回到师范学校接受下一段的培训。该学员原来承担的课程由该师范学校二年组学生担负,作为师范生的正式实习课。

这种长期综合性进修课程分为 5 个不同的阶段。第一阶段将进修学员划分成小组,组织参观有关学校,听课,并在课后举办座谈讨论会,分析现存教育教学问题,确立进修的明确目标;第二阶段针对前一阶段提出的主要问题,确定学员所进修学习的内容,将这些内容组织进课程进行讲授;第三阶段是学员回自己原来的学校进行实习,把在第二阶段进修学到的教育理论应于教学实践,积累新鲜的经验;第四个阶段是学员重新回到进修机关,接受针对他们实习中取得的经验与产生的问题所进行的教育,这一阶段具有很强的教学研究和教育科学研究的性质,通过开展多种活动,进一步提高学员的教育理论素养和教育工作的实际能力;第五个阶段是本期进修活动的总结和下期培训工作准备的开始。这种长期综合性的进修课是教师继续教育的好形式,实现了教育理论与教育实践的积极的结合,十分有利于在职教师理论素养实际能力的进一步提高。

(二)中期特定进修;时间为 6 周。这是指教师接受上级指定学科和课题的集中培训。

(三)形式多样的短期进修班。这种短训练形式的进修时间 1～6 周不等,进修内容根据教育事业发展的需要和教师本人的要求,其范围十分宽阔,既包括职业培训的基本理论,如教育学、教育哲学、教学法(学科),也包括针对具体教育教学中问题的探讨与研究(如中小学的衔接,移民子女教育),还包括新的科技知识与能力的补充。1984 年 7 月成立的法比尤斯政府,以社会的现代化和团结国民为原则,大幅度地改革了教育内容,特别是强化计算机教学。1985 年法国提出了"全体国民学习计算机计划"(PIPI),从小学 4 年级开始,把"计算机入门"列入"科学与技术"课目的必修课,并拨款 20 亿法郎购置电脑,以实现"学校电子化"。为了适应教育事业这一新发展的要求,法国在 20 多座城市里都设置了以提高在职教师计算机操作能力的专门进修课程。

二、中等学校教师的继续教育

法国中等教师的继续教育,由 80 年代初大学区建立的"学区培训工作组"负责。该工作组组长由教育部长任命。小组成员有大学教师在内的有关各界人士。

在法国,对中学教师进行的在职培训一般是在个别专业领域和特殊学科的深度范围内进行的。时间较短,从几天到一周不等。

中等学校教师继续教育的重点是初中教师。这是因为会考教师与证书教师水平是比较高的,且拥有较强的自我提高的能力。1985 年法国教育部对初中教师继续教育提出了明确目标:

第一,对专业知识不足的教师,以函授形式进行基础性学科培训,为期 1 年,使之达到大学第一阶段毕业水平,第二,对专业知识达到大学第一阶段要求者,以短训班形式(时间不超过 1 个月)进行有关学科知识与教学方法补充性培训,第三,制定并实施学校教师集体培训的工作计划,以适应 1985 年出台的以初中为重点的教育改革的需要。

1985 年法国进行的重在初中的教育改革,目的是提高学生素质,促进其全面发展。该改革强调公民教育、语言训练、现代外语教学普及科技教学,实现"学校电子化"。当时法国教育部长舍维内芒一再强调,这次初中教育改革,培训教师是优先目标,必须大力提高作为初中基础教学力量的初中普通课教师的质量。当时这类教师的学历水平大体相当于大学三年级的水平,其知识与能力偏低,为解决这一问题,当时法国提出一方面使将来的初中普通课教师在教师教育中达到学士水平,另一方面则是大力加强在职教师的培训,并将教师工作中的进修假从 1 学年逐步延长至 2 学年。同时颁布文件,要求在 5 年内对 10 万名在职普通教师进行轮流培训。

法国教师继续教育除了上述形式外,还有:

1.暑期大学。暑期大学是 1982 年以后在法国发展较快的一种教师继续教育形式。暑假大学是在暑期举办的各种的专题培训班形式为主的继续教育活动。为期约 1～2 周。经费由教育部提供,政府有关部门、县区、民间团体主办。

2.全国性集中培训。这是大型的、高层次的教师继续教育形式。一般培训对象为督学,师范学校校长、师范教育教师,也有对某一类教师进行的专门培训。组织办法是教育部事先公布将要举办的进修班情况通知,个人报名,最后由进修组织单位与报名教师单位协商审批。法国这种全国性的集中培训主要是解决在教育发展和教学改革中一些急需解决的问题,如中小学的衔接,教学评价,农村教育,残疾儿童教育等。这种全国性的集中培训对法国在职教师质量整体水平的提高是有一定贡献的。

法国大学教师继续教育的主要形式是学术交流。多是自发的,教育行政部门组织的不多。

第六章　教师教育的管理

当教师教育的目标、课程等确定后,如何培养出国家所需要的合格的教师,实现预定的目的? 这一问题的解决取决于多方面的因素和条件。教师教育的管理就是其中不可缺少的、起着十分重要作用的一环,特别是"向管理要效益"、"向管理要人才",人们把科学、技术、管理作为现代文明三大支柱的当今世界,教师教育的管理更显露出它的重要性。为此,各国都非常重视教师教育的管理问题,把教师教育的管理放到了一个比较突出的位置。当然,由于社会政治、经济制度以及文化传统、科学技术发展水平的不同,各国对教师教育管理在目标、内容以及管理方法方式等一系列问题上是有差异的。

第一节　美国教师教育的管理

随着对教师作用认识的提高,美国采取了许多措施加强对教师教育的管理。这里仅从以下主要方面谈及:教师教育必须通过教育行政部门的认可;确立教师教育的认可标准;对教师的一系列管理活动等。

一、教师教育必须通过教育行政部门的认可

美国教师教育必须经过州和全国教育行政部门的认可,只有这样,培养出来的教师才能得到州和全国范围的认可,在州和全国范围内从事教学工作。否则,就不能得到承认,也就不能在相应的范围内当教师。

教师教育首先必须经过本州教育行政部门认可。美国是一个地方分权制的国家。一所大学要承担培养师资、培养哪一级、哪一学科的师资都必须在开设专业、课程、教学计划、机构设施、经费设备等方面取得本州教育行政部门的认可,只有经过本州教育行政部门认可的高等学校培养出来的教师,才能取得本州的教师资格证书,在本州范围内的学校

任教。到其他州去任教还不行,因为本州的教师资格证书在其他州一般是无效的。如要到其他州任教,还必须履行一定的手续,其学历和资历得到其他州的教育行政部门认可以后,才可换得其他州的教师资格证书,在其他州范围内的学校当教师。

教师教育要经过全国师范教育认可委员会的认可。美国全国师范教育认可委员会是由全国中等以上教育认可委员会授权,并取得美国联邦教育部的承认而建立起来的学术认可机构,是美国师范教育最高一级的,也是最有权威的学术认可机构。教师教育课程只有经过该委员认可的高等学校,培养出来的教师才可被认为是符合全国的规格标准,其教师证书才较容易被其他州的教育行政部门承认,并可在全国各州的范围内换用。①

二、确立教师教育认可标准

美国教师教育认可标准是由美国师范教育学院协会的师范教育标准评审研究委员会首先提出,经全国师范教育认可委员会定期(约 5 年)修订出版。分①基础课程计划,共 28 项,为大学本科生制定。主要培养幼儿园、中小学教师和其他普通教育专业人员。②高级课程计划,共 27 项,为研究生制定。主要培养校长、顾问、咨询人员、教育辅导员、学校心理学专家和其他教育专业人员。

认可标准内容包括财政经费的稳定、行政管理的效率、物资设备的效能、学生管理及管理人员的质量、师资阵容、教职员政策、教学人员的工作条件和教学质量等方方面面,实际是对教师教育进行全面管理。认可标准的规定都较具体,如:

在学生管理方面,认可标准规定:

攻读师范教育课程的学生必须是自愿献身于教师的工作,并且在智力、感情、观念和性格特点等方面都适合于从事教育工作。教师教育机构在对学生经过一定期限的考查之后,只选留那些愿意并适合当教师的学生。师范教育机构应指派教授,对师范生进行周密的专业指导和咨询

---

① 成有信编:《十国师范教育和教师》,人民教育出版社,1990 年版,第 136 页。

工作,具体内容为:专业的选择;学习计划的安排;教育职业的性质、任务及行情;各种教育专业机构、学会、团体的职能;多元文化社会的教育;就业指导等等。

师资阵容方面,认可标准规定:

师范教育的师资必须具备与其职务相应的学术专业训练,本科教育的教师必须具备硕士学位的学历;研究生教育的教师必须具备博士学位的学历;必须具备从事学校教育工作的经验,并于大学任教期间,继续保持与中小学校或其他机构的联系,从事一定的教育实践活动;必须在从事教学与指导研究生的同时,参与师范教育课程教学计划的制定、评审、修改等方面的工作,具有独立见解和建议;必须热心致力于美国多元化社会培养教师。

对师范教育机构应实行的政策,认可标准规定:

规定教师最大限度的工作量,以保证教师有足够的时间备课,制定安排教学计划;为教师创造条件从事进修和科研活动,不断提高其学术水平,或开创新的学科领域。这些条件包括在职进修、放学术假、外出考察、暑假学术活动、提供研究基金等;配备必要的教学与研究辅助人员,保证教师集中精力从事教学与研究,避免浪费教师的时间与精力,忙于其他非专业或次专业的事务性工作;根据需要,可聘用部分时间制的兼职教师,但兼职教师必须具备与全日制专职教师同等的学历、经验和能力。[①]

三、对教师一系列的具体管理活动

美国是一个重法制的国家,因此,联邦和州的宪法和法令所规定的法律条文,对学校和教师进行着宏观管理,起着重要的作用与影响,这里就不谈了。除此之外,美国地方教育委员会和学校还通过一系列的具体活动对教师进行管理。

对中小学教师的管理

一般来讲,对中小学教师管理的目的在于培养与激励教师实现地方

---

① 成有信编:《十国师范教育和教师》,人民教育出版社,1990年版,第139—140页。

(或学区)的教育目标,帮助每位教师最大限度地发挥自己的教学水平,提高教学质量,争取获得最好的成就。管理主要通过以下方面进行:

(一)教师许可证的认可

美国中小学教师许可证是对一个人具备从事教师职业的资格证明,只有持有效的教师许可证者,才有应聘和被聘的可能,否则不能聘用。如果地方教育委员会录用了无有效教师许可证的人,并与他签订了聘约,那么这份聘约是没有法律效力的。

地方教育委员会在聘任中小学教师时,一般认可三种性质的教师许可证:第一种是本州教育行政部门颁发的许可证;第二种是经全国师范教育认可委员会认可的高等学校颁发的许可证,它们在全国范围内有效;第三种是与本州签订相互承认教师许可证的州所颁发的教师许可证。[①]

在美国,没有全国统一的教师许可证书,各州对证书的种类和要求均有自己的规定。以纽约州为例,纽约州的教师资格证书有九种:

1. 小学教学证书:适用于托儿所、幼儿园及小学1~6年级教师。这种证书又分临时证书和永久证书两种:

临时证书:5年有效,不得延长。具有学士学位;大学本科中有24个学分属教育专业课程,其中6个学分为阅读教学课程;参加过本科组织的实习。

永久证书:终身有效。持临时证书期间表现令人满意;具有与小学教育有关的硕士学位;有两年小学教学。

2. 中学学科教学证书:适用于7~12年英语、外语、数学、科学、社会学教师。这种证书也分临时证书和永久证书两种:

临时证书:五年有效。持学士学位;本科有12个学分属有关教育专业的课程;参加过本科实习;本科学习的专业与所申请教学的课程一致。英语:36个学分;外语24个学分;数学24个学分;科学36个学分,其中必须有15个学分属所要教学的课程(生物、化学、地球科学或物理);社会学36个学分。

---

① 陈驾:《美国对中小学教师的管理》,载《外国教育资料》1993年,第1期。

永久证书:终身有效。持临时证书期间表现令人满意;持有与证书有关领域的硕士学位;有两年中学学科教学经验。

3. 特别课程教学证书:适用于托儿所、幼儿园,1~12年级艺术、音乐、体育、文娱与演讲教师。这种证书也分临时证书和永久证书两种:

临时证书:五年有效,持学士学位;本科有12个学分属教育专业课程;参加过本科实习;有36个学分属有关专业。

永久证书(内容同上述永久证书)。

除上述三种教学证书外,还有:

4. 伤残情况教学证书;

5. 阅读教师证书;

6. 学校媒介专家证书;

7. 职业教育证书;

8. 对操非英语者的英语教育证书;

9. 双语教育连续证书。

从上可见,纽约州对中小学教师均要求持学士学位教师许可证,除学习教育专业的一定课程外,还要参加过教育实习、具有一定的教育经验。要取得永久证书,要求持硕士学位证书,并在持临时证书期间表现好,令人满意。

不难看出:他们对取得中小学教师许可证者的要求既具体,又是比较高的。特别是要取得"永久证书",与工资、晋升等联系在一起,因此,为了获得较高的收入,教师就必须努力争取高一级的学位,不断地提高自己,无疑这对教师素质的全面提高是个有力的推动。

另外,从美国全国范围来看,要获得中小学教师许可证均须:

1. 持学士学位证书;

2. 参加过原所在院校组织的教育实习;

3. 学过教育专业方面的课程。即教师除学完本专业课程外,还须学习某一课程的教学方法、教育心理学、教育社会学、教育哲学,甚至特殊教育教学等。

在教师取得证书之前,有的州要求对教师进行考试。据了解,现有14 个州要求在取得证书前进行"基本技能"的考试,10 个州要求某一专业的考试,7 个州要求进行教学方法的考试,21 个州要求一项或多项考试。

基本技能考试,一般包括写、说、数学、听力、语法的程度等。每年进行 1 至 5 次。考试由"教育考试服务中心"、师范教育研究所以及州委托的单位进行。

专业考试,是指公立学校中常教授的有关课程。有的州包括外语和双语教育能力。每年约进行 2 次。

教学法考试,主要内容包括教育哲学的概念和原则(如儿童心理学;学习理论);教学方法和原则;美国公共教育的结构和宗旨;其他教育哲学(如基本教育论和渐进论);课堂管理和控制学生行为的概念及原则;教学计划技术;设课安排和组织;多元文化、教师与家长关系、学校与社区关系的原则;职业道德和教师表现的原则等。每年约 2 至 3 次。[①]

(二)聘任

在美国,聘任教师的权力在地方教育委员会,它决定着本学区教师的配额、工作量以及工资待遇等。当需要聘任教师时,由学区的人事关系部通过报纸、专业杂志等告知学区内教师缺额的情况、需招聘教师的校名、任教年级和学科、空缺职位的资格要求以及工作量与工资、申请程序等。

应聘者须向学区交申请表和各种书面材料:包括毕业证书和教师许可证书、测验成绩单(全国教师考试成绩单、州自行设计的教师考试成绩单或学区自行设计的教师能力测试成绩单)、健康证明和推荐信等。然后通过面试全面考察申请者的教育观念、知识水平、文化背景、性格特征、情绪反应以及表达能力和社会适应能力等。

根据面试和书面材料的综合考察结果,排出先后名次。对名列前三名的被试者,学区的学务长还要和他们进行面谈,更进一步地了解他们的学识水平、兴趣、才能和个性特征等。在该审定过程之后,由学务长提

---

① 纪晓林:《美国公共教育的管理和政策》,北京师范大学出版,1992 年版,第 126—132 页。

出录用的最后建议,并用书面报告形式向地方教育委员会提名最后入选者,并对整个录用过程作出解释。地方教育委员会在法律上对挑选教师负有任命权、如果它否决了学务长推荐的人选,学务长就得推荐最后排定名单中的第二位,并依次类推。[①] 如果同意,并告之应试者被聘,地方教育委员会与被聘者就须签订聘约,以此作为法律保障。被聘者才可持此聘约进入学校,成为正式教师。

(三)评价

对教师的评价是根据一定的目标和标准,在对教师教学检查的基础上,判断教师教学达标程度、是否达标的一种做法。通过对教师教学的评价,一方面可以使教师了解自己的教学情况,对自己教学的优缺点得到及时的反馈,从而调整和改进自己的教学,以便更好地实现教学目标。另一方面,通过对教师的评价,也可以使管理者了解教师的教学质量和水平,以及教学的优缺点、困难和产生的原因,以便有针对性地帮助教师改进教学,提高教学质量,同时也可以为教师的晋升、加薪、留任和辞退提供确切的依据。可见,对教师的评价既是激发教师更好地进行教学的一种重要手段,也是对教师管理的重要一环,在提高教学质量、加强师资队伍管理中起着非常重要的作用。为此,美国非常重视对中小学教师的评价,许多州建立了专门的机构,有专门从事这方面工作的人员,定期对中小学教师进行评价。有的州还制定了教师评价的专门标准和相应的执行机构,如美国佐治亚州教育部制定了《佐治亚州教师评估手册》,对该州中小学校的管理、教师的教学和学生的学习情况都规定了较为系统的评估标准。据美国教育协会 1985 年的调查,在美国大约有 80% 以上的教师每年都要接受正式的评价,许多州并用法律的形式把对教师的评价确定下来,在 1983 年全美就有 26 个州如此。

对中小学教师评价的范围和内容

美国对中小学教师评价的范围是比较广泛和全面的,它既包括教师

---

① 陈驾:《美国对中小学教师的管理》,载《外国教育资料》,1993 年第 1 期。

的课堂教学情况，又包括课外的教学辅助工作；既包括教师的言行举止和个人品性，又包括对学生的鼓励、促进学生进步等。从评价的内容看，各州所制定的评估计划内容是不相同的。这里仅以美国佐治亚州为例。佐治亚州对教师的评价是根据该州对教师评估计划进行的，这个计划由两个文件组成：即佐治亚州教师观察文件和佐治亚州教师义务和职责文件。

佐治亚州教师观察文件（简称 CTOI）由教学工作实绩的三个主要方面、在此称为教学任务组成。这三项任务是：

1. 进行教学；

2. 评价和鼓励学生进步；

3. 管理学习环境。

对以上三项任务在佐治亚州教师观察文件"方面"的说明书标准方式中，作了具体的说明：

教学任务Ⅰ:进行教学

A 方面:教学水平——一堂课内容的量和组织是否适合学生需要，从学生的能力、教材的复杂性和困难程度来加以考察。

B 方面:展示教学内容——开展适当的以教师为主或以学生为主的活动来展示内容。

C 方面:促进知识转移——课堂内容包括最初的重点，特别强调内容或内容的相互联系和总结提要，以便促进知识转移。

教学任务Ⅱ:评定和鼓励学生进步

A 方面:促进学生参加教学活动——通过能激发学习兴趣的方式授课，积极地参与或促进公开或暗地里卷入教学活动的各种方法促进学生参与教学活动。

B 方面:检查进步——通过了解学生的有关回答，积极发言，作业或作品来评定学生的进步，理解程度和误解的原因。

C 方面:对学生业绩作出的反应——对取得良好成绩的学生，在适当的时候予以巩固提高，对成绩不合格的学生提供具体的反馈意见或改正意见。

D方面:给学生以支持——利用各种方法,例如给予鼓励,减弱担心程度,对好的成绩或回答给予表扬,不使用含有讽刺、嘲弄、侮辱意味的语言,以表达对学生的支持。

教学任务Ⅲ:管理学习环境

A方面:时间的利用——通过各种技巧使教学时间的利用达到最优化,例如提供明确的方向,采用有效的方法处理活动方式的变化,材料分发和其他日常事情,以及通过诸如突出教学目标和提供充足的教学活动等。

B方面:自然环境——布置的自然环境做到使学生能观察到教学重点,不受打扰地听课,得到教材并可以顺利地在教室内走动;也方便教师检查学生的学习情况并在他们之间自由地走动。

C方面:正当的行为——通过检查整个班级的行动,提供反馈并在必要时进行干预以保持学生的行为正当。

在佐治亚州教师的义务和职责文件中规定:

Ⅰ.教师的义务和职责

A.在同学生打交道中,处理学生成绩,与学生双亲和同事交往中,遵循与学校和系统政策相一致的职业实践。

1.在与学生和他们双亲的交往中,用一种符合教师职业修养的方式互相交流、互相影响。

2.按照本系统政策参加学生和他们双亲的会议。

3.采用各种方法促进家庭和学校之间的交流,例如召开会议、打电话、发送书信等。

4.对学生情况和学生成绩保密。

5.与学校的行政官员,专门的辅助人员,同事和双亲合作共事。

6.做正确使用口述的和书面语言的表率。

7.表现出掌握正确的和最新的知识内容。

8.向学生布置的任务和家庭作业要合理。

B.遵守学校,系统和州的各种行政管理规章和教育委员会的各种政策。

1.按规定的时间到安排任课的班级上课。

2. 坚持有关学生行为和纪律的各种规章制度。

3. 严守时刻。

4. 按照学校政策的要求,维持课堂计划的实施。

5. 为代课教师提供足够的情况,计划和材料。

6. 贯彻指定的教学计划大纲。

7. 保持正确的、完整的和适当的记录并及时向校方报告。

8. 根据学校政策,出席和参加教师的会议和其他指派的会议和活动。

9. 遵守聘约中规定的条款。

C.举止符合教师职业道德并对学校的整体计划,它的安全和良好秩序承担责任。

1. 为保护学生的成绩记录、设备、教材和设施采取预防措施。

2. 承担指导学生课外活动的职责。

Ⅱ. 由地方系统规定的义务和职责(是否评分听便)

Ⅲ. 教师进修计划

完成教师进修计划列举的各项活动。

美国各州都有自己对教师评价的计划和评价标准。学校管理者根据州的教师评价计划和标准对教师进行评价。一般都从教学绩效、专业水平、教师个人品质以及身心健康和言谈仪表职业道德等方面对教师进行全面评价。

美国对中小学教师评价的类型和方法:

对中小学教师评价的类型较多,但主要为形成性评价和终结性评价两大类。形成性评价是指对教师教学过程进行中的评价,其目的在于了解教师的教学质量、存在的问题或缺陷,为教师提供反馈与矫正信息,使教师对自己的教学进行及时的调整、矫正,从而更好地实现教学目标,提高教学质量。终结性评价是指教学结束时对教师的能力和资格的评价,其主要目的是为人事决策者对教师的留用、晋升、加薪或辞退提供依据。

对教师评价的方法是多种多样的,主要有课堂观察法、学生成绩法、教师测验法、学生评价法以及教师自我评价等。

（四）留用和解聘

留用和解聘也是学校管理者对中小学教师管理的重要一环，在保证教师队伍质量方面起着非常重要的作用。

根据对教师评价的结果，对合乎评价要求和标准的合格教师，学校就将继续留用。对试用期教师在评价后也要作出留用或解聘的决定。关于合格教师的标准，各州也不太一致，但一般在评定计划中都规定得很具体，如前面谈到的佐治亚州的教师评定计划就是一例。又如美国加利福尼亚州规定了合格教师的九项标准：

1. 必须从正规的学院或大学毕业并取得学士学位。

2. 必须完成所规定的教师培训计划（通常为 24～27 学时的学习和管理学生的教学）。

3. 考核有关学科的知识内容（小学教师既要主修人文学科，又要通过全国性的教师基础课测验。具有胜任各科教学的能力。中学教师既要主修某一门单科又要通过全国性教师的测验。必须对所学内容有所深化）。

4. 能开设阅读课程或取得全国阅读课考试的合格成绩。

5. 要懂得有关美国的宪章。

6. 在加利福尼亚州的基本教育技能测验方面取得合格成绩。

7. 再经过五年的自修，其业务水平要超出学士学位的水平。

8. 要能够教育学生处理好学习中的不利因素。

9. 能够处理青少年青春期的卫生问题[①]。

合乎上述九项标准，学校自然就可以继续留用，或做原来工作或调换工作以及提升等。

根据对教师评价的结果，如果确实表明某位教师不能再留用，就可经过一定的合法程序予以解聘。关于解聘教师的理由各州都有明确的法令，但最常见的理由主要有以下三条：

（1）不能胜任工作，主要指没能担负起本职工作，不能进行有效的教

---

① 　杨业桢编译：《美加利福尼亚规定合格教师的九项标准》，载《外国中小学教育》，1990 年第 2 期。

学工作和各种辅导工作,妨碍了教学活动的顺利开展;

(2)不服从各种法律条令、政策和各种规章制度;

(3)道德败坏,主要指师生间不正常的两性关系、在学校内大肆宣扬不正当的性生活方式、贩卖色情读物、兜售毒品、吸毒等①。

解聘教师一般由校长向将被解聘的教师发出解聘的书面警告。但对因第三条理由而被解聘的教师则不给予纠正的机会。因为他们认为这些行为严重地影响了学生的身心健康和学生以至整个教育事业的发展,而且这些行为又是难以纠正的。

对高校教师的管理:

尽管对高校教师的管理与中小学教师的管理都是通过以上方面进行的,但在各个具体环节中也有些不同。这里仅谈以下几点。

1.任职资格

在美国,只有获得硕士学位以上的毕业生才有资格在高校当教师,未获得硕士以上学位的高校毕业生则没有资格在高校从事教学工作。这就是说,美国高校的教师必须是硕士和博士学位获得者。

美国高校的教师分为讲师、助理教授、副教授和教授四个层次(助教不作为高等学校的一个专业职称,因为助教通常是由研究生担任的)。在许多高校中规定:只有硕士研究生毕业,取得硕士学位者才有资格担任讲师;晋升助理教授必须有博士学位或硕士研究生毕业必须有三年的教龄才能晋升为助理教授;博士研究生毕业,并有六年以上的教龄或硕士研究生毕业,并有九年以上的教龄,而且教学效果优良,才有资格晋升副教授;具有博士学位和十年以上教龄,或具有硕士学位和十五年以上教龄,教学能力和科研能力强,有创造性,并在所从事的专业领域内成绩卓著者,才有资格晋升为教授。对在一定时间内还不能晋升者,还会被解聘。如在一般情况下,已担任七年助理教授工作还不能晋升为副教授者,就会被解聘。当然,以上情况只是就一般而言,至于各校对高校教师

---

① 陈驾:《美国对中小学教师的管理》,载《外国教育资料》,1993 年第 1 期。

资格的具体规定和要求是有一定差异的。

2.聘任

美国高校任用教师普遍实行聘任制。被聘人员必须具有上述资格并符合任用学校的各种要求和条件。

聘任也有终身聘任和非终身聘任之分。聘任程序与中小学教师聘任的程序大体相同。在聘任教师中,美国的大多数高校不留任本校毕业的研究生。主要原因是为了活跃学术空气,加强校际之间的学术交流,增加新的成分,这对学校的发展和教师的成长都是大有裨益的。当然,这也不是绝对的。

3.评价

美国高校教师的评价在目标、范围和内容以及评价的类型与方法方面,与中小学教师评价基本相似,不再赘述。

在美国高校对教师评价中,普遍重视学生参与对教师的评价。因为,在他们看来,学生是教师教学的主要接受者,对教师教学内容的组织、课堂教学的管理、教学方法的运用以及对学生的责任感等最清楚,对教师教学的优劣最有发言权,理应成为教师的评价者。据了解,无论是美国公立,还是私立高校的半数以上在1980年就采用了这种做法。

学生参与评价的方法方式较多,这里仅介绍两种主要的方法:书面评价和座谈访问。

书面评价主要是通过书面提出一些问题,如该门课程的教学目的是什么? 你明确吗? 教师的组织如何? 教师的教学方法好吗? 该门课程教师教学的主要优缺点以及存在的问题是什么? 你认为应如何改进等等。通过学生对问题的回答来评价教师。

座谈访问主要是通过召开座谈会和进行对学生的个别访问的形式征求学生的意见,从而达到对教师教学的评价。

对学生参与评价教师方法,在美国也是有争论的。许多大学教师反对,他们认为:让学生对教师的教学进行评价,给教师评分会受多种因素影响,不一定能真实地、客观地反映教师的教学水平和能力;这种做法是不公平的,它会给教师的教学带来许多消极影响等。正因为有这些看法,所以在实行书面调查时,曾遭到"20%的大学教师拒绝与这项计划的合作"。

第二节　英国教师教育的管理

一、中央和地方两级管理体制

英国教师教育机构公私立并存。公立教师教育机构受中央和地方两级政府管理、私立教师教育机构不直接接受中央和地方政府管理,而只是受到政府有关文件、政策和法规的指导,政府通过某些政策和拨款的方式间接地干预私立教师教育机构的活动。在此,我们主要研究英国公立教师教育机构的管理体制。

1944年《巴特勒教育法案》奠定了战后英国教育由中央和地方两级管理的基础。教师教育也是如此,接受两级管理。

中央对教师教育的管理主要通过教育和科学大臣履行其职责;成立有关的组织或机构并发挥其职能;政府颁布有关的法令文件等等。例如,教育和科学大臣的职责中规定,他必须控制教师的配备,确定"合格教师"的标准,必须执行教师退休制度等。教育和科学大臣为履行自己的职责有权任命一些人,组成专门委员会,制定相关法令文件,以实施对教师教育的管理。

英国全国性的组织或机构较多,与教师教育管理相关的亦不少。自70年代以来成立的较有影响的组织包括:

1973年成立了教师供给和训练咨询委员会(ACSTT),该委员会发表过许多报告,向政府决策部门提出建议。1976年该委员会提出的教师需求量数学模型,被政府采纳。1980年该委员会又改称教师供给和教育咨询委员会,其任务是就国家有关公立学校和继续教育机构的教师供需计划,和教育的有关政策问题向教育和科学部提出建议。

1984年英国成立的教师教育课程鉴定委员会(CATE)是目前发挥管理职能的重要组织。该委员会以鉴定评估的方式对教师教育进行质量管理。该委员会也是80年代后期以来英国朝向中央统一的国家课程方向发展的产物。

1989年英国成立了大学基金委员会(UFC)取代延续了70年之久的大学拨款委员会(UGC)。大学基金委员会的资金来源有国家拨款,也有企业财团及个人的捐款,这样资金渠道广阔了,也卸掉了国家的一个包袱。这种资助机制的形成,要求各大学自筹资金办学,适应市场的需要谋求资助。高等院校中的教师教育机构也面临极大考验,人文科目大大压缩,教师队伍大量精减,适用的理工科系得到了加强。这一措施也是政府对教师教育管理体制的一项重大改革。

在英国教育和科学部之内设有教师司,该司是常设部门,负责制定教师供需政策、教师的配额、教师的资格、见习教师期限、教师工资及退休金标准、教师在职进修、教师培训机构的行政、教师教育资金管理等事宜。① 这个机构直接实施对教师教育的日常管理,有些管理措施需要通过地方政府教育部门的中介才能实现。

在中央管理层次上还有一点必须提到的,即"陛下督学"(HMI)制度。陛下督学是通过公开招聘,由专门委员会推荐,然后由国王任命的,有一定独立性和权威性的教育督导人员。陛下督学成员大多是教师出身,对教育比较内行。陛下督学被分为3个小组进行工作,即学校教育组,继续教育组和师资培训组。小组的划分只是相对的分工机制。有的督学可以同时在两个或两个以上小组活动。

陛下督学的职责是调查、收集并向国务大臣汇报教育制度的效能,向教育和科学部及地方教育当局提出报告与建议,同时,也应向教师及有关教育机构负责人提出建议。虽然陛下督学不直接下命令,但由于他们具有向国家最高教育行政机关和最高教育官员打报告的机会,他们还有权对某些教育实践提出批评、表扬或建议,所以这种督学体制也是教师教育管理的重要因素。

除了中央层次管理体制外,英国各地方教育局也对教师教育实施管

---

① 邓特:《英国教育》,浙江教育出版社,1987年版,第68页。

理。地方层次的管理内容也是多方面的。

地方教育局有执行教育和科学部的规定,设立、维持和资助地方教育学院或其他教师培训机构的权力与责任。地方教育局还有权管理公立学校教师的聘用。1983年政府发表的白皮书《教学质量》规定,中小学教师受聘时,应与地方教育局签合同,而不与各个学校签合同,这样的措施有利于教师在各校之间的流动,只要都是同一教育局管辖之下的学校,从一个学校向另一个学校调动不须重新办理受聘手续。

地方教育局对教育学院和其他地方教师教育机构管理时,主要是对这些机构的资金、人员编制、办学规模、专业设置等方面的管理。各地方教育局开办的各种形式的教师培训进修机构或称"教师中心",完全在教育局领导下开展活动。它的活动主要是办短训班、设图书阅览室、开展学术交流活动、提供有关视听设备、为教师创造社交场所等。

二、教师教育机构内部的管理

教师教育管理除了国家行政管理之外,当然不能缺少教师教育机构内部的管理。

英国教师教育机构内部管理自80年代末和90年代初开始出现了一些新变化。

为适应90年代的教师具有更高的职业技能和更强的实践技能的要求,英国政府大力倡导培养师范生的实践本领,鼓励改革过去的课堂教学形式,深入中小学校中去,把师资培训课程融会于中小学教学第一线。基于这种改革的大趋势,有些教师教育机构内部的管理也在探索前进,目前已总结出"以学校为基地"的培训模式,以及建立师范生职业技能档案的动态跟踪评估学生质量的办法。

早在1983年政府白皮书中就提到,在教师教育机构中负责培训教师的教师应重新回到中小学课堂中去,重温课堂教学的技能。在管理上实行中小学教师与大学导师合作指导师范生的办法,实行中小学教师与大学教师相互交流的计划。教师教育机构应与中小学校保持紧密的联系。英国政府的上述管理思想在80年代末逐渐被一些地区接受。到90年代初已在英国出现了"以学校为基地"办教师教育的热潮,这种方式是目前英国最流行的管理模式。

1992年1月教育和科学大臣克拉克(Clark)在一次讲话中指出,"律师和医生的职前培养阶段,学生一边受到严格的专业学习与训练,一边同他们本行业最有经验的人在一起工作,接受实践的指导。这样度过职前教育的关键期。理论学习不能代替面,对面的指导不能代替职前实践过程。因此,师范院校主要花更多时间到学校课堂上去接受教师的指导,而在师范院校只需较少时间即可。"①教育和科学大臣接着几次讲话都讲到教师培养应从过去以院校为基地的方式转到以中小学校为基地,到中小学课堂中进行培养的新方法,在新的管理模式中中小学教师要扮演重要角色,他还建议大学教育系1年制的研究生教育证书课程五分之一应安排在中小学校进行。而教育学院4年制的教育学士课程至少应有1年时间在学校进行。

1991年底教育和科学大臣委任罗宾·亚历山大等3人组成调查小组,调查现行教师教育课程与初等学校的关系。1992年3人调查组提交的报告指出现行课程必须以实践研究为基地才能真正培养出合格的教师。因此任何教师职前培训的决策或改革都应基于彻底了解现行初等学校教师的实际需要。需要在学校实践中得出结论。

1992年陛下督学出版了一份报告《英格兰,威尔士以学校为基地的教师职前训练》,报告的结论部分写道:"以学校为基地的师资培训成功与否主要取决于培训教师的机构与中小学校之间的关系如何,取决于中小学校是否完全卷入了培训计划,是否真正对培训过程监督管理,是否参加对受训学生的检查评估工作。当然最关键的是取决于具体负责指导师范生的中小学教师的工作态度,对此项工作的支持与否。"陛下督学的报告与教育和科学大臣的观点一致。

实践中英国教师教育在"以学校为基地"的管理体制方面已经超出

---

① 转引自尼尔·路特《正确的途径》,载[英]《教育研究》,1993年第2期,第143页。

了有关规定。例如,全国教师教育课程监督委员会要求4年制教育学院至少应在4年中安排去中小学实践训练100天。而1992年一个小组的调查显示,英格兰和威尔士的教育学院已平均安排超过30%时间在中小学实践中培训。

根据1992年教育和科学部文件的要求,职前教师教育,在大学教育系1年制课程中要有五分之四到中学进行,在大学内的授课时间仅存五分之一左右,在教育学院4年制课程中应有四分之一以上课程以中小学校为基地。文件还要求制定选择合作的准则,这样才能保证在学校培训教师的质量。同年,教育和科学部又修订了在中小学校训练教师的时间,规定大学教育系应有24星期,教育学院应有32星期以学校为基地。

从以上材料我们不难看出英国教师教育正在改变过去以大学或教育学院为基地的模式,而新的管理模式正在形成中。新的模式要求分散地、以中小学为基地培训教师,这在管理上必然更复杂,更零散。但是,可以说这种新的管理模式是有前途的、有希望的管理体制。

第三节　法国教师教育的管理

法国长期以来实行中央集权的教育行政管理制度。虽然在20世纪80年代以后各级教育机构开始有了自主权,但总的说来仍然是比较严格的中央集权式的管理。法国教师的管理上具有三个特点,一是职能明确、分工清楚的管理机构;二是完整严格的教师招聘和教师证书制度;三是稳定的、权威性的、有适应能力的法律基础。

一、教师的管理机构

法国国民教育部源于1824年设立的宗教事务及公共教育部。1932年6月3日,当时法国教育部长芒齐为向人们表明,教育部的使命不仅要保障对青年的教育,而且要加强对全体国民的培训,就将公共教育部改名为国民教育部。国民教育部是法国教师管理的最高机构。其中教育部内的督学人事司,负责管理学区,以及学区以下的教育官员,如学区督学、地区教育督学、技术教育首席督学、大学行政秘书长、小学校长等;小学司管理小学教师;中学师资人事司负责管理高中、初中的所有教师。

设在法国国民教育部内的劳资行政管理委员会(CAP)是 1982 年 5 月 28 日法令要求按公务员类别设立的。它有权对教师的任职、晋升、调动、停职、辞职等问题提出意见,还可以成立惩处机构。

在中央教育部负责管理人事的行政司,按其所管辖人员类别设置 CAP。同时,根据教师类别分别设立中学高级教师、中学证书教师、初中普通课教师、技术教育教师等不同的劳资行政管理委员会。大学虽然不设立 CAP,也有 1987 年成立的大学全国委员会有权对大学教授、讲师、大学实训主任等的招聘和任职作出决定。

国民教育总督学由共和国总统根据国民教育部长提议任命。国民教育总督学的一个重要任务就是通过检查学科教学水平,评价教师工作。该项工作主要由有学业专长的总督学完成。

国民教育行政总督学(IGAEN)这种总督学拥有特殊地位,以教育部长名义了解除教授的教学与研究以外的全部教育机构工作情况,负有监督、检查、评估和顾问的使命,其工作与教师管理有着直接关系。

职称研究中心(CEREQ):

该机构是根据 1985 年 6 月 25 日法令建立的。其工作任务是对职称、获得职称条件、与科学技术进步相联系的职称变化,教师就业与管理等问题进行研究。

学区对教师的管理作用:

拿破仑一世曾把帝国大学划分成若干行政区,称学区。学区首府就是诉讼法院所在地。目前,法国有 28 个学区:26 个本土学区,2 个海外学区。学区长的权限就包括为本学区的行使检查权,包括记分权(除会考教师)。学区长对初等教育、中等教育、继续教育、私立教育的教学人员与非教学人员拥有很大的决定权,管理各类持有中学普通教育证书的教师.辅助教师、职业高中教师、大学临时教师和部分管理会考教师,还管理高等教育中的有关教学人员。

地区督学(IPR)具体负责考察、指导教师,并为其评分,是学区中直接参与教师管理的行政官员。

学区行政混合委员会在教师管理中有重要的作用,在法国中央教育部权力部分下放后,该委员会行使着学区级或部级行政混合委员会委任的职权。其权限包括教师的评分、晋升、调动、正式任职和纪律处分。

省教育行政对教师的管理:

国民教育省教育行政部门的负责人是学区督学,代表学区长并接受其领导。其对教师的管理包括:对小学教师职位的设置作出决定;小学教师的任命、调动、晋升、休假;设立有领导5个班的能力合格者名册;纪律处罚;参与对中等教育教师的行政记分、休假安排;视察私立学校;将犯有严重错误的私立学校教师交国民教育审议会处理;保障私立学校教师工资的发放。

省行政混合委员会(CAPO):

该委员会对小学教师晋升、调动、处分等管理问题提供咨询。

法国对教师的评定工作十分重视。这种评定工作从新教师上岗一直持续到教师退休前一年。小学教师不由小学校长监督,而是由初等教育督学和郡教育当局监督。中学教师的评定工作具有双重性。一方面中学校长每年必须为每位教师写一份报告书,并对教师工作情况打分,最高为40分。但校长不去评定教师的教学水平。教学评定由督学负责进行。

大学区或国家级督学都有责任到学校听课,直接参与对教师的评定。一般是每2、3、4年去下面学校听课。首先是由教师提出。在听课、了解情况基础上,为教师打分。最高分为60分。然后由联合委员会作出最后评定。如教师不服这种评定,可以到地方有关机构上诉,该机构有权对评分加以修改。

教师可以成为校长、督学的候选人,但是要经过本人申请,在全国范围内,根据教育权威人士意见,决定录取与否。

在1989年公布的《教育方向指导法附加报告》中,法国政府重申了对教师的管理评价,"目的绝不是要使教育机构之间和教师之间进行竞争,而是通过对国民教育目标的实施之审视,通过使这些目标适应它们所面对的不同受教育者,并通过对教育系统进行不断的调整,来改善教育系统"①。可见法国教师管理的目的在于团结合作去实现对受教育者的良好教育,绝对不是在教育领域推动教师或教育机关间的竞争。这一思想有助于现代教师管理的健康发展,有助于调动教师的精神潜力从事教学教育工作。

二、教师的招聘与证书制度

法国各类教师的招聘与证书授予都有一定的法律依据和严格的制度,其中包括招聘条件、考试要求、职业培训等各方面明确的规定。这里仅对法国会考教师和职业教育教师的招聘作较详细的叙述。

(一)会考教师的招聘

法国会考教师因其地位与所教年级又被称为高中高级教师。会考教师分为二级:普通级和特级。普通级包括 11 个级别,特级包括 6 个级别。他们的任务主要是承担大学校即高等专科学校的预科、高二和高三年级的教学工作,也有时担任高一年级的教学任务,也可到高等学校任教。会考教师中的特级教师主要做准备中学毕业会考的年级的教学工作,教师培训机构的教学工作,或者在教育部的直属教育机构中担任领导工作。

会考教师招聘对象为:

1. 会考合格的考生;

2. 有实践经验的中学证书教师和体育教师。年龄在 40 岁以上,做教学工作 10 年以上,其中 5 年的教学应与会考教师级别相称,在师资能力名册上注册的人员中遴选出来。该名册是教育部长每年会同有关学科的教育总督学和会考教师管理委员会,根据有关人士的推荐确定的。

此外,大学区区长负责推荐教育部直属机构在职教学人员,或临时教学人员,或分配到高等学校的教学人员,以供主管机关遴选。

行政部门负责人可以推荐临时教学人员。

师资能力名册注册人数根据有关法令要求不得超过上述教师的 50%。

---

① 瞿葆奎主编:《法国教育改革》,人民教育出版社,1994 年版,第 689 页。

会考教师的考试

考试分为内部考试和外部考试。内部考试及外部考试分科进行,每科可以包括选修科;考试又包括初试和录取考试。每年考试学科及选修学科均由教育部长决定。

根据规定,内部考试提供的名额应在内部、外部考试所提供总名额的 10%与 30%之间。

参加外部考试的考生应在当年的 1 月 1 日开考时具备如下条件:

1. 年龄不超过 40 岁;

2. 持有教育部长和公共事务部长联合决定所制定名录的硕士学位或同等学力文凭; .

3. 直属教育部教育团体的正式公务员,并且持有外部考试考生所要求的学位或文凭者,都可参加内部考试。这部分人年龄应在 30~45 岁。作为过渡,在 5 年之内年龄上限不变,他们在全日制学校或相应教育机构内的实际服务期年满 5 年。

对上述条件的审核应在考试举行年的 1 月 1 日前结束。

考试结束,由考试委员会编制内部考试和外部考试录取名册,按成绩排出名次,并备有一份供递补之用的补充名册。补充名册上所列考生人数不得超过外部考试和内部考试所提供总数的 20%。

经考试合格者任命为实习会考教师,参加规定期限的实习,一般为 1 年。实习年度由教育部长决定。实习合格者,即可正式被任命为高级教师。实习不合格可经教育部长允许再实习 1 年,但这一年的实习不计入级别工龄。

(二)技术专科学校的教师(包括技术实训课主任)的招聘

这类职业教师的招聘是通过学校外部与内部的竞试以及在师资能力名册上注册的途径进行。

外部竞试:外部竞试的条件为年龄在 40 岁以内并具有下列文凭之一者:

1. 大学第一阶段结业证书,短期技术学院毕业文凭或高级技术员证书;

2. 大学文科第一阶段(2 年)结业证书、大学理科第一阶段(2 年)结业证书；

3. 文科专业基础课修业证书或高校预备班理科高等教育证书及高等教育修业证书；

4. 大学法律专业第一阶段结业证书或大学经济学专业第一阶段结业证书；

5. 具有进入高等师范学校文科或理科专业的资格；

6. 教育部长和公共事务部长联合制定的名册并认可的同等学位、毕业文凭或同等专业资格。

技术实践课教师招聘的竞试参加者，其条件为持有列入教育部长和公共事务部长联合决定所编制目录的技术员业士文凭、技术员合格证书、职业证书以及从事过 3 年职业活动的考生；或经过 5 年职业活动之后，根据教育部长和公共事务部长联合决定所确定的条件，能证明自己在职业继续教育范围内的活动的人员。这两类人员中对职业活动年限的要求，是指在为保证实践教学所要求的职业资格相应的岗位上度过的时间。

技术实训课主任教师招聘的外部考试条件与技术课教师相同，但还需有 5 年的职业实践经验。

内部竞试：内部竞试对象为全日制公立学校有 5 年教龄的在职非正式教师以及其他教育团体的正式职员。

考试合格者应在国立职业技术师范学院接受为期 2 年的培训。培训的第 2 年，举行教学能力合格证书考试，考试合格者任命为实习教师。技术实训课主任教师考试合格者应在国立职业技术师范学校校长或教师监督之下，接受为期 1 年的培训。

需要指出的是，为了确保职业技术教育教师的质量与稳定，法国1975 年 5 月 23 日第 75－405 号法令第 19 条规定："被国立职业技术师范学院录取的考生，应签订契约以保证自被录取之日起为国家服务 10年，并保证在违约情况下向国库交回在校期间所接受的全部酬金。技术实训课主任教师服务年限减为 5 年。教育部长和财经部长的联合决定，确定本条的实施条件。它可以根据已履行服务时间的情况，减少应该交回金额的数目。"

法国教师教育管理具有比较完备的教师证书制度。法国教师证书主要有：

中学高级教师会考证书　Agrégation

中等教育教学能力证书　CAPES

技术教育教学能力证书　CAPET

初中普通教育能力证书　CAPEGC

技术高中技术课教师能力证书　CAPT

职业高中教学能力证书　CAEIP

体育教师能力证书　CAPEPS

这些证书都规定有明确的职责、权利和相应的待遇。获得这些证书均须通过严格的竞试。此外，这些证书制度与各类教师的招聘制度密切结合在一起。

法国小学教师有3年以上教龄，经学区首府初中教师培训中心审查其档案，根据规定条件决定录取。被录取者须在该中心接受3年培训，并参加毕业考试。考试合格者即被授予"初中普通教育教师能力证书"，成为正式的初中普通课教师。

三、教师教育管理的依据是法国的教育法规

法国有一系列有关教师教育管理的法规。关于教师的晋级处罚，法国主要依据的是戴高乐执政时期公布的1959年2月4日法令与1959年2月14日法令的有关条款。

（一）关于评分

评分包括行政评分和教学法评分两种。首先，根据上述法令有关条款，大学区长依据该管区内任教教师上级的建议，对教师进行行政评分，范围为0～40分，并附有服务态度方面的简短评语。评分通知本人，本人也可申诉，要求大学区长修改评分。同时，大学区长依据技术督学的建议，对本区教师的教育活动及教学活动效果进行教学法评估。评分范围

也为 0～40 分。但评定的分数与评语不得更改。大学区区长须将行政、教学评分与评语及总分通知教师本人。若确需修改，根据有关法规内容，在国家一级机构进行。

（二）关于晋级

根据上述法令有关条款，晋级有三种方式，即严格选择晋级、一般晋级和工龄晋级。前二种晋级由大学区区长依据本管区内教师每年所得优良评分的情况确定，人数很少。大多数教师都是根据工龄级别而自然晋级。

为了对教师按有关法规要求给予晋级，法国大学区区长根据学科建立各类教师名册，包括在规定期限内达到严格选择晋级所要求级别工龄的教师名册和在规定期限内达到一般选择晋级所要求级别工龄的教师名册。前一名册人数的 30％范围内，后一名册 5/7 范围内即为晋升者名单。此外，大学区区长还应建立一个教辅人员名册。而那些不享有严格选择和一般选择晋升的公务员，达到规定工龄自然晋级。

（三）处罚

根据 1959 年 2 月 4 日法令第 30 条规定的例外条款，对各类教师可能实行的法律处分有：

1. 警告；

2. 批评教育；

3. 降低工资级别；

4. 降低一级或多级工资；

5. 调动工作；

6. 暂时免职，取消各种薪酬，为期不超过 5 年；

7. 强制退休；

8. 撤职但不停发膳宿费；

9. 撤职并停发膳宿费。

法国 1959 年 2 月 4 日颁布的法令一直发挥着权威性的作用。同时，法国又在不同时期对其个别条款作了必要的修正，使其具有适应性。

第七章　教师教育的改革与动向

社会生产和科技革命的飞速发展,使教师教育面临新的挑战。因此,为了培养适应当今以至未来社会所需人才,各国不但提高了对教师教育的认识,而且还采取了种种措施不断地改革教师教育,以期提高教师教育的质量和教师的素质。

第一节　美国教师教育的改革与动向

随着社会的发展、科技的进步,以及对教育作用认识的提高,美国朝野上下深感教师、特别是高质量教师队伍的重要性,他们把学校和教师视为未来的关键,并认为"要使学生能够应付未来不可预料的、非常规的世界,就需要有较高素质的教师","只有教师才能最终实现我们的设计蓝图"。因此,如何培养出高质量的教师,就成为美国当局十分关注的一个重要课题。

一、强调教师教育是一种关系美国国家生存与人民生活的事业,提高教师的地位

美国建国初期,并没有专门的教师教育(即师范教育),普通的文理教育被认为是培养教师的理想教育。直到 19 世纪 20 年代,由于美国经济发展和政治斗争以及公办学校兴起对教师的迫切需要,才创办了师范学校,建立了教师教育。尽管如此,但教师教育并不被人们所重视,相反,认为教师教育是可有可无的;教师职业是一种"庸人职业",所谓"能者做事,庸者教书"是较普遍存在于美国人头脑中的一种传统观念。因此,教师的社会、经济地位都是较低的。

20 世纪初,美国教师严重短缺、生源不足、教学质量低劣等轻视教师教育的恶果明显地暴露出来,严重地威胁着美国各州强迫义务教育的实施和社会经济的发展。为此,美国的政治界、经济界和教育界议论纷纷,提出各种改革教育的意见,其中的重要一点就是要重视教师教育,认为教师教育并不是可有可无的,而是培养合格的优质教师必需的、不可缺少的一门专业,应把它与文、理、工、农、医等专业一样看待,并主张教师教育也应同其他专业一样进入高等教育的行列,成为高等教育的组成部分,对教师教育的认识提高了一步。

20世纪50年代末到60年代初苏联人造地球卫星上天,美国举国震惊,深感苏联此举动摇了美国在军事和科学技术方面的领先地位,国家的生存和人民的生活受到严重的威胁。于是在1958年,美国国会通过了《国防教育法》,指出:国家安全要求最充分地发展全国男女青年的智力资源和技术技能,国家防务"有赖于掌握从复杂的科学原理发展而来的现代技术",并规定从1959—1962年间每年拨款8亿多美元,用来改革各级学校教育,培养科技人才,提高教师的科学教育水平等。认识到国际竞争是高质量的、训练有素的人才竞争,而人才竞争是高质量的教育竞争,高质量的教育竞争是离不开高质量的教师和教师教育的。

80年代以来,美国在经济方面的问题严重,通货膨胀、国际贸易逆差持续上升。科技方面的优势逐渐为当时的苏联、日本和西德等国家取而代之。在教育方面,学生学习质量不断下降、纪律松弛、校内暴力、违法犯罪等事件连续发生。如何解决这些问题?美国的一些官方机构、民间团体和教育组织等通过调查、分析研究后得出的结论是:"只有美国学校儿童获得成功,美国将来才有成功的希望","只有保留和造就最优秀的教师,这个国家才能摆脱它所陷入的困境"。在《明天的教师》中明确指出"没有教师质量的大幅度提高,学生的成绩就不会有多大的提高","没有师范教育质量的提高,就没有教师质量的提高,也就谈不上教育质量的提高"。因此强调"培养教师是建设这个国家中具有重大意义的一项任务",重视和改革师范教育。美国优化师范教育委员会在《变革师范教育的呼吁》中,不仅强调了优质教师和教师教育的重要作用,而且还把致力于发展优质的教师教育、培养一代新型教师提到了确保美国领先地位、确保美国生存和人民生活的举国上下的"当务之急"的高度。基于对教师教育和教师作用认识的提高,因而,强调提高教师的经济地位与社会地位。从现在来看,美国教师的地位与以前相比,也的确得到了相应的提高。

二、强调严格保证和提高教师教育质量,为21世纪培养合格师资

在美国,由于对教师教育认识的提高,因此,随之而来的就是要求教师教育严格保证和提高质量,强调对教师的全面培养与训练,提高教师素质;强调今后在学术水平方面不合格,没有经过教育专业训练,以及个人品质不合格者不能当教师等。为了严保和提高教师教育的质量,主要采取了以下措施:

(一)提高师范生的水平

1. 取消本科教育主修专业,建立教学硕士学位。在本科阶段,师范生主要学习文理课程,掌握宽厚的文理知识,精通一门他们未来所教学科的知识,获得文或理学士学位后,在研究生阶段再学习教育专业课程。这就是说教育专业是从研究生阶段开始、学完教育学科课程和通过教学实习、获得教学硕士学位或博士学位后才担任教师工作。

2. 高标准地设置一套教师教育课程。要确保和提高教师教育的质量,没有一套高标准的课程是不可能的。根据对教师教育课程设置的调查,在《变革师范教育的呼吁》和《明天的教师》等报告中,都指出教师教育的课程存在着不连贯、不完整,是零散课程的堆积等问题,这对提高师范生的质量是不利的。为此,都提出要克服教师教育课程设置方面的缺点,建立一套高标准的教师教育课程。对高标准教师教育课程的要求主要是:加强文理课程的完整性、连贯性和成熟性;强调掌握将来所教学科的目的和结构、精深的知识和技能以及教学法基础;加强教学专业课程的学习与研究和学科教育学的研究,正确评价教学过程及评价教师工作;加强教学实践、理论联系实际、特别是与中小学校的联系等。另外,在高标准地设置教师教育课程方面,还强调要面向未来。美国许多专家认为,由于科学技术迅速变化,每个人的职业和专业的变换必将随之而频繁,因此未来学校和教师的主要任务,是使学生适应未来社会。如果让学生仅仅掌握某种专门知识和技能,就将无法适应新技术不断衍生、科学知识不断更新的社会。因此,从70年代开始,美国的一些学校,特别是在高中就开设了"未来研究"课程,其目的是使学生了解新技术革命的意义和作用,学会用发展的眼光看待所学的知识,对未来社会有一些基本的概念。例如明尼苏达州伯恩斯威里中学早在1973年就作为联邦政府的、开设"未来研究"选修课的试点,到1976年,"未来研究"课就成为11和12年级的正式选修课。"未来研究"包括"明天的思索"和"未来的问题"两门课。纽约州的杰利柯中学从1971年起就开设"未来研究"课。在80年代,该校又与佛罗里达州"未来世界展览中心"建立了联系等。"未来研究"课在美国学校的开设,从几所发展到几百所,而且可以预料,这门课程将会在美国的中学迅速地得到普及。专家们认为,中学的课程既已如此,那么,作为培养中学师资的教师教育的课程设置也必须进行改革,只有面向未来设置课程才能符合未来学校的需要和适应未来社会对教师的要求。

3. 州为师范院校毕业的学生颁发执教许可证书,并在颁发教师证书之前实行试用制。在美国《师范教育学院协会报告》中,强调州在颁发教师证书时,要确保教师的质量,严格按照本州所规定的教师质量标准进行考核,严禁今后颁发应急的临时教师证书。并在颁发教师证书之前,要实行试用期制和试用期培训制。试用期至少为一年。另外,对其他州来本州的教师,也要严格按本州规定的教师质量标准进行考核,不合格者不能录用。

(二)提高聘用教师的标准

1. 不能采用降低标准的办法解决教师不足的问题。在美国,解决师资不足问题办法之一是采用降低聘用教师的标准。这样做的结果必然会使提高教师教育质量成为一句空话。不仅如此,在《国家为培养 21 世纪的教师作准备》中还指出:"其后果必将是作为一个整体,全民族的生活水准将降低,贫困阶层将扩大,全体公民将不再能继续保持他们的民主传统。"因此,他们认为要改变这种做法,应采取另一可行的办法,这就是"提高聘用教师的标准,而且要提高到一个从未有过的新水平","当然,这些标准应恰当地反映一名真正称职的教师应具备的知识和技能"。

2. 留住校内和吸收校外高水平的教师和高水平的人才。前面已经谈到,由于教师的社会、经济、专业地位的低下,使许多在校的教师,特别是水平高的教师都纷纷离开学校而另就他业。校外的高水平的人也因此而不愿从事教师职业。为此,要想确保和提高教师教育的质量,就"必须千方百计留住学校中具有所需水平的教师,并且把校外这样的人才也吸收进来"。为了做到这点,所以美国联邦和州政府采取了提高教师工资、福利待遇等种种措施。

3. 建立专业教学高标准,为达标的人颁发不同级别的教师资格证书。受美国分权制的影响,美国各州的专业教学标准是不同的。为了确保和提高教师教育质量,在《国家为培养 21 世纪的教师作准备》中,建议成立一个全国专业教学标准委员会,其根本职能就是建立专业教学的高标准,给达到标准的人颁发资格证书。该委员会主要"颁发两种资格证书:一种是教师资格证书,另一种是高级教师资格证书。前一种证书,为教师担任教学工作确立一个较高的标准;后一种证书,证明持有者达到高级的教学标准,并且具备在学校中担任领导工作的素质。证书对两种资格证书的持有者讲授的课程和教学年级都作了具体的规定,并可被认为与其他专业领域的资格证书具有同等价值"。① 除此之外该委员会还有其他责任:制订职业道德准则;惩处违犯道德准则的人;登记合格教师

---

① 国家教委发展与政策研究中心编:《发达国家教育改革的动向和趋势》(第 2 集),人民教育出版社,1987 年版,第 321 页。

和高级教师等。要想获得合格教师和高级教师证书,都要经过全国专业教学标准委员会对所教科目、教育专业知识和技能的考核,以及实际教学情况的观察。

在《明日之教师》中,主张承认教师能力等方面的差别,建立新的教师职称制度,实行三级教师证书制。最低一级为教员证书,授予通过学科专业考试、教育学考试和读写能力考试的大学毕业生。这一级证书是临时性的,5年有效,到期不得更新。这级证书持有者不是职业教师,他们只能在上一级教师指导下教授他们在大学主修或副修过的学科。只有在教学一年并学习过教育研究生课程,获得教学硕士学位者,才能申请高一级证书。第二级为职业教师证书,授予教学硕士学位持有者,为能够独立进行教学的课堂教师。第三级为终身职业教师证书。授予教学成果卓著并获得博士学位的职业教师,他们不仅能承担课堂教学的职责,且能对全校的教学负责。① 持不同级别证书的教师,在工资待遇等方面是不同的。

据报道,美国专业教学标准委员会现已做了六年时间的准备工作,以求建立一种全国统一的教师资格证书制度,目的是为了提高教师的职业身份。这种全国统一的教师资格证书与工程师等其他专业人员的资格证书具有同等的作用。该证书分为单科证书和多科证书两大类。教师在申请全国性资格证书之前,必须具备以下条件:获得学士学位;拥有州授予的教师资格证书;三年或三年以上的教学经验。申请这种资格证书的教师必须在考核中显示其专业知识和教学水平,以及组织课堂教学、制定教学方案和与其他教师协作的能力,能不断地对教学进行自我评估,并从中吸取经验教训。考查的内容主要包括教师平时的课堂教学和在评估中心指定场所进行的教学活动。

该委员会目前已开始试行两种资格证书,分别为面向11～15岁学生授课的美国文学、写作课教师和教授多门学科的多科任课教师。随后将

---

① 顾明远主编:《教育大辞典》,(第12卷)上海教育出版社,1992年版,第387页。

开始分阶段推行其他教师资格证书,涉及数学、社会科学到艺术、音乐等中小学 33 个学术和专业学科领域,关系到美国全国 250 万教师中的绝大多数。估计到 1997 年或 1998 年这项工作才能告一段落。这一计划已得到美国教师联合会、全国教育协会、中小学校长和管理人员等的支持。教育工作者也都在密切关注着它的进展情况。美国全国专业教学标准委员会主席凯利期望这种全国性的证书能改变公众对教师的态度,同时希望学校为获得这种证书的教师加薪。但这种证书是自愿获取性的,它不会取代各州颁发的教师许可证。[①]

(三)创造一个有利于提高质量的教学专业环境

所谓有利于提高质量的教学专业环境主要是指以下方面:

1. 为教师提供专业自主权。这就是说,要像医学、建筑、法律等其他行业一样,给教师在工作中做出重要决策的相同权力,使"教师们有决定采用最好方法的自由去达到州和地方决策者所制订的学生培养目标"。在教材和教学方法的选择,教职人员的聘用,学日的组织和安排,学生的作业,学校顾问的聘用,以及物资的分配使用等问题有决策权或有较大的影响。

2. 为专任教师配备教辅人员和必要的设备,以便减轻教师,特别是"精英教师"的日常教学和管理工作,使他们能有更多的时间来思考、筹划和与同事讨论问题,提出教育改革的新点子,并对全校的工作职能进行大改革,以使每个教职工在这样一种学术环境中发挥最高的效能。

3. 建立旨在创造一种群众性团体的精英教师制度。"精英教师"是从经验丰富的教师中选出,在教师同事中享有威信,并且获得全国教学专业标准委员会颁发的高级教师资格证的人。由于"精英教师"的威信主要来自同事的推崇,而不是一个新的官僚机构,因此,在这种关系中,教师们在学校一起工作,而不是互不往来,"所有成员都有一个共同的想法,就是集体对教学计划和教育学生负责,采取措施更好地完成教育孩

---

① 《美将形成全国统一教师资格证书制度》,载《比较教育研究》,1994 年,第 1 期。

子的任务"。另外,精英教师对那些在教学成绩上没有达到标准的教师还可以进行辅导、技术性援助,以及帮助备课等,并指导和带动教师,从而促使教学质量的提高。

4. 改变学校单一的领导模式,试行多种多样的领导方式,以便更好地发挥学校的教育职能。如除以不任课的校长担任学校领导的单一模式外,还可以采用由若干"精英教师"组成的委员会负责学校的工作,其中一位精英教师在专业同行中起着类似经理作用的领导模式。

(四)职前教育与在职培训的一体化

与许多国家一样,美国历史上的教师教育也主要是指教师的职前教育。不可否认,通过职前教育可以使未来的教师获得文理科学、未来所任学科,以及教育专业方面的基础知识,掌握一定的技能,形成教师的品质等,为从事教师职业奠定必需的基础,是培养教师不可缺少的阶段。尽管如此,他们认为要想培养合格的、优秀的教师只靠职前的一次性终结型的教师教育是不够的,那种只要受到职前阶段的教师教育就够了、就受益终身的思想是不对的。因为:从总的来说,职前教育的时间较短,学生学习的仅是一些基础知识和理论,与实际的教学联系也较少,容易造成理论脱离实际,即使强调加强教育实习,也毕竟要受到时间的限制。另外,由于社会发展较快,科学技术进步日新月异,职前所学的知识,形成的技能等是很难适应社会和科学技术不断发展变化的要求,有的甚至很快地变为陈旧过时的东西。因此,当今美国的教师教育不仅指对教师的职前教育,而且还包括教师的在职培训。只有通过教师的在职培训,才能弥补职前教育的不足,根据社会和科学技术的发展,不断地更新知识,掌握新的技能,提高教师的应变能力与工作信心,才能结合教学实际的需要,更好地解决实际问题,提高教学水平。因此,当今美国当局十分重视教师的在职培训,把它视为教师教育不可缺少的重要阶段,强调职前教育与在职教育之间的联系,使之成为一体化的、不断持续发展的终生事业。

（五）教师教育必须进行严肃、有效、全面的改革

美国有关方面在对教师教育进行了较为全面、时间也不算短的调查以后，认为美国教师教育的方方面面存在着严重问题，必须改革。

第一，在课程设置与安排方面，严重脱离中小学教学实际，内容浅显，即使这样，学生还未能真正理解和掌握。在时数的安排方面，一些教学法课的分量太重，挤掉了学生将来任教的主修课时数，教学法课程内容贫乏，学生不感兴趣等。如《国家为培养 21 世纪的教师作准备》中指出："一些师范教育计划要求对学生进行严格培训，但很多培养出来的毕业生抱怨说，他们所学的课程未能使他们为教学作好准备"，"许多师范毕业生还对他们学习的文理课程提出类似的批评"。作为教师需要深厚的文理知识和精通所讲学科的内容，熟悉教学技巧，关心教学研究方面的信息，懂得儿童生长和发育过程，并且还要知道不同学生的需要和学习方式。而师范毕业生都缺乏作为教师应具备的基本功，诸如不会维持纪律、指导学生解答可能出现的难题、激励学生奋发努力、洞察由于学生的社会、经济和种族背景不同而引起的种种问题并对之作出反应等。在文理知识方面，"现实情况是，有些人的读、写、说无一合乎语法，而对文字数学题更是束手无策。但他们竟出自学院大门，而且当上了教师，这简直是对高等院校和证书颁发机构的莫大讽刺！"这些情况充分地反映出教师教育在课程设计和安排方面的严重问题。为此，有关方面指出：要对教师教育的课程开设进行严肃认真的检查和彻底的改革。

第二，在教师队伍方面，教师教育不能招收和吸引有才华的人才加入教师行列，而是一些成绩最次的人来从事教学工作；学校对师范生和教师的要求不高，标准较低。有关方面指出：直到目前"许多师范院校还有一些强大的势力企图继续维持较低的评估标准"，"许多州和学区只顾填补空缺，而忽略教师标准"，培养出来的师范毕业生素质差，许多是不合格的，在新招聘的数学、科学和英语教师中，有一半都不能胜任这些科目的教学工作，在中学教物理课的合格教师还不到三分之一。这种状

况,导致美国中小学生的水平严重下降。美国高质量委员会在对学生学习水平的调查后指出:"十年前对各国学生成绩所作的国际比较表明,19项学业考试成绩评比中,与其他工业化国家比较,美国学生从未得过第一或第二,有7项获倒数第一"。"在大多数标准化考试中,中学生的平均成绩低于26年前苏联发射卫星那年的水平"。教育研究员保罗·赫尔德在对美国全国学生的成绩进行彻底调查后说,在当代科学革命的条件下,"我们正在培养一代科学和技术文盲的美国人"。另外一位分析家保罗·科波曼指出:"美国以往各代,在教育、文化和经济上的成就都超过它的上一代。一代人的教育水平不能超过、不能与父辈相提并论,甚至还达不到父辈的水平,这在我国历史上还是第一次"等等。美国当局深感问题的严重性。

第三,在学校管理方面,有关方面认为:存在着官僚主义的管理方式,学校还没有建立一种有利的教学专业环境,没有赋予教师应有的自主权和薪金待遇,致使教师不能充分地发挥他们的工作效能,并使教师职业具备相应的竞争力等。

以上问题的存在,使美国各界感到不安,他们认为,以上问题如果得不到认真的、及时的解决,美国的未来将是可悲的。为此,从80年代中期开始,美国发表了许多以改革教师教育为主题的报告书和文章,其中最有影响的为《变革师范教育的呼吁》、《国家为培养21世纪的教师作准备》、《明天的教师》三个报告书。在这三个报告书中,都充分地强调了教师教育的重要作用,把教师教育提到了关系国家生存和人民生活的高度,既在调查研究的基础上列举了教师教育存在的种种问题及其根源所在,又分别从不同角度提出了改革教师教育的建议和措施,在《变革师范教育的呼吁》中提出16条建议,如严格师范学校的入学和毕业标准,招聘才能出众的年轻人进入教师行列,高标准地设置一套师范教育课程,延长学制,确保优质教学的必需条件,不断提高教师工资等。并在最后指出:"要培养出好学生,需要一代新型教师","当务之急是举国上下都要致力于发展优势的师范教育,以便建立第一流的、令人振奋的学校体系"。在《国家为培养21世纪的教师作准备》中,指出美国师范教育所面临的新挑战,提出改革教师教育的10年计划,主要包括进一步使教师职业成为一门专业,确定优秀教师新标准,建议成立"全国教师专业标准委员会",调整师范教育结构,取消教育专业学士学位,发展教学硕士学位计划,注重发展和培养少数民族教师,将教师的成绩、效率与奖励联系起来,奖励有成绩、效率好的教师,改善教师的工资,使教师的工资和晋升机会与其他行业具有同样的竞争力等。在《明天的教师》中,强调对师范教育严肃、有效的改革,……需要整个教育界共同支持的更为广泛的教育改革。主张从实质上改变师范教育的结构、标准和内涵,取消大学本科教育专业,建立学术课程标准,设置新型的教育学课程,用对专门学科的教与学的研究来代替本科一般教学法课程,提高教师和师范教育的专业规格、地位和水平,建立新的教师职称制度,实行教师终身制等。以上的建议和措施在今天许多已成为现实,有的将逐渐地进行改革。

第二节　英国教师教育的改革与动向

英国教师教育的改革还在进行中,而且目前的改革比历史上的历次改革都深刻、广泛。《1988年教育改革法案》是继1944年《巴特勒教育改革法案》以来最重要的一个法案,这个法案的颁布为90年代的改革确定了基调。就整个英国教育而言,90年代改革基本朝着强化中央管理权,推行全国统一的课程标准,实行全国统一考试制度,给学生更多的选择机会,提高学生实践能力,使学生在新的世纪到来之际创造出比他们先辈更宏伟的业绩,向重振大英帝国的雄风的方向发展。

英国教师教育90年代的改革是其整体教育改革的一个侧面,我们可以归纳为以下几点。

第一,中央对教师教育的控制管理逐步加强。教师教育课程逐步全国划一。

1984 年英国建立了教师教育课程鉴定委员会(CAIE),当时的动机就是加强中央对教师教育的管理。委员会成立之后对过去教师教育课程标准进行了审理。1989 年新的课程标准问世,并要求从 1990 年 1 月 1 日起实施新的标准。在新的标准下大学教育系 1 年制课程和教育学院 4 年制课程都有了一些新的变化。这些紧锣密鼓的改革步骤,目的都是强化中央统一的管理体制。而强化中央管理体制的重点是对教师教育课程标准进行控制,不合乎国家统一标准的取消办学资格,不准发放文凭和证书。

第二,教师教育的改革力求与市场经济运行规律一致,把经济规律用于办教育。

1989 年英国成立的教育基金委员会,代替了 1919 年以来一直负责高等院校经费预算的教育拨款委员会,这一措施把教师教育的资金渠道改变了,意味着靠国家拨款办学的时代结束了,意味着高等院校,当然包括教师教育机构以后要按经济规律办学,适应社会发展的需要。

近几年英国教育理论文章常把教师教育机构称为是向师范生(消费者)提供服务的经营性机构,把教师教育过程中的师生关系称为"生产者"与"消费者"之间的关系。这种情况也从一个侧面反映了英国教师教育改革的一种趋向。

第三,开拓"以学校为基地"办教师教育的新途径。

80 年代末期开始首先在英国出现的"以学校为基地"办学模式,近几年得到了极大强化。教育和科学大臣在多次讲话和文件中都表明了支持这种办学思想,鼓动教师教育彻底转变在高等学府培养教师的模式。这一新的办学模式也是教育主动为社会服务,上门服务的具体体现。

据几年来实践的结果分析,"以学校为基地"的办学模式,虽然从管理的角度看更加复杂化了,但从办学效益上看更趋于科学合理,更符合教师职前培养和教师在职进修的规律,是一种动态的,与实践密切结合的,有利于养成教师操作技能和实际工作本领的好方式。"以学校为基地"进行教师教育是90年代初期英国教师教育改革最突出的特征。

第四,教师教育法规制度逐步完善。

自80年代末以来,英国在教师教育方面的立法活动较多。据不完全统计从1988年到1992年底政府发布的教育法规,以及具有法律效应的文件超过10份。

在法规制度建设过程中,《1988年教育改革法案》,1989年修订的《教师教育课程鉴定标准》,1989年政府出台的教师证书制和教师试用期制,1992年教育和科学部颁布的《教师职前训练改革》文件等,这些法规文件是比较重要的。其中1992年的《教师职前训练改革》文件,以官方的文件形式肯定了近几年"以学校为基地"办教师教育的模式,肯定了在师范生中建立"职业技能档案"的做法。

第五,教师教育的职前、试用期和在职三阶段联系更加密切。

英国的教师教育机构一般都提供职前培训和在职进修教育。教师试用期是刚走出校门被聘为教师后第一年里,新教师与校方达成协议,一年为试用阶段。学校根据新教师的工作业绩一年之后再正式发给聘书。试用期阶段新教师也可参加短期培训课程。可见在教师教育的3个阶段教师教育机构都是主要办学单位。近几年来不仅职前教师培训出现了"以学校为基地"的模式,而且教师试用期和在职教师进修也出现了"以学校为基地"的办学模式。3阶段教育正在出现整合的趋势。3阶段教师教育的结合点是中小学校这个"基地"。

第六,教师教育突出强调教师职业技能的培养。

80年代中期英国教师教育改革过程中开始出现加强教师职业技能培养的趋向,在实践中,许多地方开始出现了建立职业技能档案的做法,要求师范学生形成自我记录,自我分析与他人评价结合,不断克服存在的问题,养成合格教师应有的素质能力。在加强教师职业技能培养过程中希望中小学教师给予协作。这些改革都显示了英国教师培养机制发生了重大变化。英国教育和科学部1992年在《教师职前训练改革》文件中,提出了27条教师基本技能,及其对各项技能的鉴定办法,具有较强的操作性。文件提出的基本技能包括:组织课堂的技能、口语技能、科学课(化学、物理、生物等)实验技能、组织班会技能、组织兴趣活动技能等等。总之,加强教师职业技能培养方面的改革在英国还有继续深入的趋势,其中的一些改革思路有一定借鉴意义。

第七,教师教育机构与普通中小学之间的关系更加紧密。

随着"以学校为基地"改革的出现,教师教育机构必然要放下架子,走出大学的高楼深院,到中小学校中去寻找更合适的办学条件。这样大学、教育学院与中小学的关系就发生了新的变化,在英国称为新的"伙伴关系"。新的关系建立之后要求大学教师重新设计课程计划,中小学教师则应积极承担指导、监督师范生的任务,和大学配合完成教师职前培训。

几年来,在大学和教育学院主动与中小学建立联系的过程中,也存在一些挑选合适的中小学校的问题。对此,英国教育行政部门正在酝酿新的指导性文件,为教师教育机构选择合适的学校提供了准则。英国教育和科学部已于1992年10月开始着手进行此项工作,委托全国教师教育课程鉴定委员会、国家课程委员会(NCC)、教育标准认定机关(OFSTED)联合行动,拟定初等教育课程标准,只有符合初等教育课程标准的学校才可被选为"基地",与大学、教育学院合作培养职前阶段教师。初等教育课程标准计划于1994年底出台。

英国在建立大学、教育学院与中小学校新型关系方面完全是从培养教师的需要出发的,目的明确,方向正确。目前,由于还没有统一的选择标准,实践中出现一些问题,有些中小学校不适于作为合作学校,但英国官方已注意到了这些问题,正在努力建立相应的准则,可以相信这方面的改革正朝着有序化的方向发展。

以上仅从几个主要方面把英国教师教育改革的重点加以归纳,除此之外,还有一些改革,例如,教师教育管理、生源的确定、质量评估、在职继续教育等。可见,英国教师教育的改革正方兴未艾地向前发展。同

时,改革的过程中存在的问题还很多,改革的阻力也很大。其中争议比较激烈的问题有以下几个:

1.一些地方对中央集中管理体制加强表示不满,担心会打破中央和地方两级管理体制的格局,会扼杀教师教育机构与地方教育局的积极性。

2.对"以学校为基地"的办学模式提出异议,认为长时间以学校为基地培养教师,会使所培养的教师理论根基粗浅,学术水平低下,只学会应付眼下的工作,没有长久的潜力,不能适应变化了的情境。

3.许多人批评政府把教师教育推向市场,政府为卸掉包袱而让各大学以自谋经济来源为主解决经费开支问题。这种争论自80年代末以来一直在继续。政府目前仍坚持其立场,然而各大学、教育学院经过内部调整和紧缩基本稳定下来,但仍面临着巨大的考验。

另外,在教师待遇问题上争论也较激烈。

第三节 法国教师教育的改革与动向

近四分之一世纪以来,法国进行了多次重大的教育改革。而教师教育制度的改革则是历次教育改革的一个重要内容。在法国学校里不断增长的科学知识和传统教学方法之间,在对教师职业能力不断提高的要求和教师素质不高之间,在教师职业的社会意义不断增加和社会对教师职业评价事实上偏低之间存在着尖锐的矛盾,这些矛盾决定着法国教师教育改革发展的基本方向。

由于历史与社会的原因,直到20世纪60年代末期,法国仍然存在着教育的双轨制,这是两个不平等的范畴。中学教师与小学教师劳动的性质都是一样的,但他们的社会地位、经济待遇、所接受教育的水平却不一样。完全中学教师由综合性大学培养,期限为4~5年;而人数众多的小学和初中教师(不完全中学),则是由师范学校培养。法国师范学校在其存在的一百多年间,形成了稳定的工作基础、工作风格与传统,招收初中毕业生,学习4年,二年普通文化教育、二年职业培训。综合性大学对完全中学教师培养强调学术水平,而小学教师和初中教师的培养则实践性强,重视教育理论学习,特别是教育实习。

60 年代末期法国对师范学校招生制度进行了改革,考入师范学校者必须具有高中毕业水平。与此同时,师范生学习时间则由 4 年缩短为 2 年,专门进行职业培训。从 70 年代中期开始,法国教师教育的改革进一步触及小学及初中教师培养体制的问题。师范学校等一些以培养小学或初中教师为目标的教师教育机关开始取得高等学校的地位。其标志是进入这些教师教育机关学习必须持有高中毕业证书。

在以后法国教师教育的改革过程中,两个文凭、即综合性大学的证书和职业能力证书成为从事教师工作的必要条件。通过综合性大学 2～4 年培养者可获得第一个证书;第二个证书则要求完成教师职业培训。这样,高等教育与教师职业培训就成为任何一种教师工作的必要条件了。

1978 年法国根据教育事业的发展,特别是提高初等教育质量的需要,将师范学校学习年限从 2 年增加至 3 年。1985 年 1 月,当时的法国教育部长舍维内芝推出了一项教育改革的新方案。其内容包括以下几方面,即①创建新的初、中等教育;②明确教育目标与教育内容;③发展科技教育;④提高教师素质。1985 年法国进行教育改革的重要点是初中教育。选拔合格教师,大力提高未来教师的素质,是这次改革的一个重要方面。其主要措施便是提高初中教师的任职资格标准。这次改革方案要求,新招聘的教师必须是学士学位获得者,而且还必须再经过教育理论与实践的培训。除此之外,该改革方案还计划在 5 年内轮流培训 10 万名初中普通课在职教师。

1986 年法国进行的教师教育改革进一步明确提出,初等学校教师必须在大学学习 2 年基础课程,获得大学第一阶段结业证书后,再进入师范学校接受 2 年的职业培训。这即是说法国决定将以招收高中毕业生为主要对象的师范学校学制从 3 年延长至 4 年,从而使法国无论是高中、初中还是小学教师都具有大学本科或本科以上的学历水平。这项改革措施不仅大大推动了师范学校与综合大学接轨,为一体化做了重要准备,而且在实践上促进了法国未来初等教师质量的提高。

在欧洲一体化发展的背景下,法国努力提高国民的文化素质,提出了在2000年使80％的中学生通过大学入学考试的高难目标。十分紧迫的任务就是须提高初等、中等教育质量。因此也就必须提高未来教师文化和专业的素质。同时,法国面临着中小学教师退休的高峰。根据法国当局的调查,在1987—1989学年度至2000—2001学年度,将有大约119 000小学教师离开教育岗位,这个数字占现在小学教师总数的40％。以1987—1988学年度5500名小学退休为起点,在本世纪末之前,每年都将有10 000多名小学教师离开工作岗位。这种现象将像"洪水"一样。这就要求大量培养新教师。据统计,1988—1992年间每年需要增加7500名小学教师,而1992—1994年间每年需要增加11 000名小学教师,而这个数字将保持到1998年。从1998年开始法国将面临第二次小学教师退休的高峰,每年需要补充新教师约12 000名①。法国中学教育也面临着同样的挑战。在1987—2000年间将有约34％的现任教师退休,总计有109 000人。中学教师退休人数将从1987年的5600人增加到2000年的10 400人。在2008年以前年退休教师总数达到17 000～18 000人。又由于高中教育成为法国教育改革的重点,在1998—2000年间将招取高中新生达157 000名。法国中学一方面面临着在本世纪末约有34％现任教师退休的情况,②另一方面,必须大量扩大教师队伍。而为上述问题共缺30万中小学教师。

为了迎接上述挑战,法国政府制定了相应的计划,促使青年人增加对从事教师工作优越性的认识。为此,法国政府动用了出版、广播、电视等各种传播媒体,形成了一种运动。此外,法国政府正在采取措施减少竞试程序的复杂性,特别是降低淘汰率,制定师范生的"聘用前拨款"

---

① Guy Neave,The Teaching Nation 1992,P.60—61.

② Guy Neave,The Teaching Nation 1992,P.61.

(bourses depr-rccruitement)制度,放宽中学证书教师和会考教师的年限等以提高教师职业的吸引力。

在世界范围的教育改革浪潮中,在欧共体经济与社会发展的背景下,法国在本世纪60年代开始进行的多次教师教育改革的基础上,1989年进行了一次重大的改革。改革的宗旨是提高未来教师教育的质量,改革的中心是教师教育机关的一体化。

1989年法国教育改革方案名为《教育方向指导法》。该法第17条规定:"自1990年9月1日起,在每个学区创办一所培训小学教师的学院,这些高等教育机构各自附属于本学区一所或几所在人员和资金上保证其法定职责得以履行的大学。这些学院根据国家规定的方面进行师资的起始职业培训。这种培训包括全体教师需共同接受的基础教育和教学水平的专业教育。"①该文件要求废除现行培养小学教师的师范学校教育制度,其中也包括地方教师培训中心。对法国各地初等教师培训与进修机构进行改造,使新建立的大学教师培训学院(IUFM)成为小学教师培养的惟一类型的教师教育机关。它使小学教师的理论培养、现场实习、教育实验结合在一起,统一由所设立的大学教师培训学院(IUFM)承担。法国17个大学区每学区各设一所大学教师学院。其最高决策机关为"管理评议会",由该大学区行政长字担任议长。大学教师培训院院长由教育部长从该评议会提出候选人中确定。

1989年出台的,并从1993—1994年开始实行的这一重大改革措施使"整体的法国教师教育第一次完全在大学墙内进行",这样,法国在世界上首次实现了各级教师教育在完全高等教育水平上的一体化。其变革的哲学就是:教师不论是中学的,还是小学的,它作为一种职业应该是一个完整的系统。其一体化的主要标志有:

1.中小学教师教育,包括职前培训、职后培训在机构上的一体化。1989年法国教育改革方案规定:大学教师培训学院不仅承担小学包括幼

---

① 瞿葆奎主编:《法国教育改革》,人民教育出版社,1994年版,第657页。

儿园教师的职前培养,还负责在职教师的培训任务,承担教育研究、教师录用考试的应试指导等工作。过去各种类型、不同层次的教师教育机关便不复存在了。

2.中小学教师培养在招生对象上的一致化。根据 1989 年法国教育改革方案规定,不论是培养小学教师,还是中学教师,大学教师培训学院都只招收持有业士加 3 年(学士)学历者。大学教师培训学院成为建立在 3 年制大学学习基础上的高等职业教育机关。这一方面统一了招收对象条件,又进一步提高了入学要求,即比小学教师职前培养招收对象从业士加 2 年大学文凭又提高了一步,与中学教师职前培养要求相一致。所有的报考大学教师培训学院者都必须拥有大学学士证书或同等文凭,这成为参加教师培养的最低标准。法国近年来一致强调教师职业要有一个相同的标准,主要就是针对基本学业资格而言的。教师教育生源的一致则从一个重要方面保证了教师职业的同一标准,推动了教师作为一个职业的整体发展。

3.中小学教师职前培养中的教育职业训练期限统一化。1989 年法国教育颁布的教育改革方案明确规定:不论是未来的小学教师,还是中学教师,在职前培养阶段均必须接受为期 2 年的教育职业训练。特别应当指出的是,这一规定把过去中学教师培养的 1 年的职业训练延长到 2 年,表明了教育改革与发展对中学教师的职业知识与能力也提出了很高的要求。

4.毕业后所获得的学历文凭水平相同。1989 年法国教育改革方案规定:凡大学教师培训学院毕业者均获得相当于文学士的学位。过去多层次、多规格的,由不同教师教育机关颁发的文凭、证书,双轨制的不同教师教育的界限从此便消失了。中小学教师教育在学历水平上的完全一致为提高初等教育教师政治上、经济上、学术上的地位,为实现法国进步人士近百年的理想,进而为法国教育进入 21 世纪创造了有利的条件。目前法国已开始改变过去学校中长期存在的一种现象:学历高的教师职称高,所教的年级高、工资高,但承担的课程却很少。法国教师教育制度从双轨制到一体化的发展,反映了经济与社会发展对教师要求的提高。应当说,1989 年出台的新的法国教师教育制度一体化的方案正是朝着培养上述新型教师的要求迈出的重要一步。

1989 年法国教师教育改革是一场文化革命,是相互封闭的两个世界、两种文化、两种传统的碰撞与结合。所以,该改革方案的实施不可避免地出现了不少困难与阻力。这些困难与阻力主要表现在:

1.教师教育制度一体化使师范学校和大学的教育行政人员与教师都面临着急剧的转变。师范学校教师不愿离开自己的学校,大学不能像以前那样只负责国家会考和中学教师合格证书考试的准备课程和考试了,还要承担培养初等教师的责任,这也是个困难的、不情愿的转变。所以,不少教师都存有思想上的顾虑与不安全感。

2.由于大学附设的教师培训学院刚刚建立,所以很多事没有来得及做好准备,使得教材推迟出版,信息缺乏,教学小组组织尚未就绪。另外,新设机构往往分散,设施不足,交通费过多。这些给一体化改革造成了许多困难。

3.大学附设的教师培训学院是一个庞大的教育机关。人员管理困难。如法国里昂大学附设教师培训学院就有 4000 名工作人员,实习教师、外来教师,直接在新机构工作的中学校长还不计在内。这些人每年要培养 25 000 名大学生。这样一个庞大教育机关管理是很不容易的。[①]

尽管困难重重,法国教育部坚持 1989 年开始的重大改革,努力使法国教师教育制度一体化得以巩固和发展。

法国教师教育制度新阶段发展遇到了很多困难,存在着许多尖锐问题。但从历史发展来看,从法国经济、社会、文化及教育自身的动态需要来看,从双轨制到一体化,特别在高等教育水平一体化的意义上来思考,法国教师教育制度这一演进过程也的确包含着历史的必然。

---

① Guy Neave,The Teaching Nation,1992.12,P.38.

第八章 中国师范教育

第一节 中国的师范教育体制

一、师范教育体系

现阶段中国师范教育基本属于定向型师范教育,以独立设置的各级各类师范院校和教师进修院校为主体。同时包括各种非独立设置的培养新师资与提高在职教师的教育机构,其性质、任务分别是:

(一)师范院校系统

1.中等(包括幼儿)师范学校:属于中等专业学校,它的任务是培养具有社会主义觉悟、辩证唯物主义世界观、共产主义道德品质,从事小学或幼儿教育工作必备的文化与专业知识、技能,热爱儿童,全心全意为社会主义教育事业服务,身体健康的小学和幼儿园师资。同时,中等师范学校还要根据需要与可能承担培训在职小学教师和幼儿园保教人员的任务。学制规定为三年和四年两种,均招收初中毕业生或具有同等学力者。进入 20 世纪 90 年代,各省、市重点师范学校开始办五年制师范,提高培养小学和幼儿园师资的学历层次,首先使小学、幼儿园的骨干教师学历达到专科水平,为进一步全面提高小学、幼儿园教师水平创造条件。

中等师范学校培养小学和幼儿园教师,适应承担各项教育工作的要求,一般不再分科或专业,在特定情况下,根据本地专科教师需求状况,在师范学校办外语、音乐、美术、体育等专科班,培养小学和幼儿园的专科教师。

2.高等师范院校:包括师范专科学校、师范学院和师范大学,均属高等教育的一部分。高等师范院校是培养中等教育师资的基地。师范专科学校,学制 2 至 3 年,招收高中毕业生,按初级中学开设学科在师范专科分别设科,专门培养特定学科教师,部分师专为适应规模较小的农村初中开课需要,设主副科学习制,如设数理科、生化科、政史科等,培养师专毕业生能担任初级中学或初级职业学校两门以上课程的教学工作。师范学院设4年制本科,主要培养高中教师,同时设有2至3年学制的专科培养初中阶段师资。均按中学开设的各门学科设立系与专业。有的按地方教育事业发展需要设立特殊的专业,如教育专业、图书馆专业等。师范大学是综合性师资培养基地,一般以培养高级中学阶段师资为主,四年制的本科为主体,同时设立研究生院或研究生部,招收本科毕业生攻读硕士、博士学位。师范大学培养的博士、硕士研究生,首先是补充高等学校的教师队伍,同时也是中学骨干教师、学科教学带头人的后备力量。

高等师范院校多数为普通中学培养师资,设立中文、数学、外语、政治、历史、地理、物理、化学、生物等系(科),称普通高等师范院校。另外,还有少数师范院校,适应中学阶段某些特殊学科的师资需求,设立特定的系与专业,如培养职业技术课师资的师范学院,设立电子、机械、建筑、服装、烹调等专业;为职业高中、技校、中等专业学校培养职业技业课专业教师,这类学院称职业技术师范学院。又如专门培养艺术学科师资的艺术师范学院,专门培养体育教师的体育师范学院,培养特殊学校师资的特殊教育师范学院。它们既是特定专业的高等院校,又是师范院校的组成部分,其学制与普通师范学院相同,本科为四年,专科为2至3年。学生享受国家规定师范生的各种待遇。

(二)教师继续教育系统

1.教师进修学校。我国以县(区)为单位建立教师进修学校,主要承担小学(幼儿园)教师的继续教育任务,并组织小学领导干部的学习与业务研究,一般设有培训部、函授部、教研部,负责组织小学教师与学校领导干部的短期培训、教材教法研究或专项教育经验的研讨班;组织小学教师的中师学历函授学习,使没有达到合格学历的小学教师,通过函授学习达到中师毕业程度;开展教师业务研究,通过举办观摩教学,教学能手竞赛、教育经验交流、教育工作专题研讨等活动结合教育、教学工作实际,提高教师水平。教师进修学校相当于中等师范学校的办学层次和地位,是地方小学教师培训基地,也是当地教育科学研究的中心。

2. 教师进修学院、教育学院。省(市)和市(地区)设立的教师进修学院或教育学院,主要承担中学教师和中学领导干部的继续教育任务。省、直辖市教育学院负责高中阶段教师与同级学校领导干部的继续教育;省属市和地区的教育学院(或称教师进修学院)负责初中阶段教师与同级学校领导干部的继续教育。教育学院设培训部,高师函授部、中学教育研究部,分别承担中学教师与领导干部的短期培训,组织教师参加专题业务研讨班;对学历没达标的中学教师开展高师函授,使其取得合格学历;举办教育经验报告会、教学研讨会、教育思想讨论会等,结合中等教育实际提高教师与学校领导的教育思想及业务水平。教育学院相当于师范学院的办学层次与地位,是省(直辖市)、市(地区)两级地方性的中学教师继续教育机构,是中学教师与中学领导干部的培训基地,也是地方中等教育实验研究的中心。

教师进修学校、教师进修学院、教育学院,分别是小学教师、中学教师继续教育的专门机构。此外,中等师范学校、师范专科学校、师范学院及师范大学,都要根据需要与可能分担小学教师、中学教师及各级学校领导的继续教育任务。如开展函授教育工作、电视教学辅导、举办校长培训班等。使中小学教师及学校领导干部的职前教育与职后继续教育相互衔接,有关机构既有相对分工,又能共同承担。

(三)其他院校中师资培训班

1. 中等教育中的师资培训班。职业高中设立幼儿师范班、艺术师范班、体育师范班,是培养幼儿园师资及小学师资的渠道之一。职业高中的毕业生国家不包分配,实行择优就业。在小学、幼儿园教师逐步实行聘任制,择优组合的就业制度下,职业高中所办师范班成为培养小学、幼儿园师资的机构的一部分,对中等师范学校是有益的补充,成为中等师范教育的组成部分。中等专业学校接受有关部门的委托,也可办师资培训班,为本系统子弟学校培养师资,皆属中等师范教育性质。

2. 普通高等院校中的师范教育。高等师范院校以外的其他院校、综合大学,按《中国教育改革和发展纲要》要求均有积极培养中等教育师资的任务。文、理专业的毕业生经国家统一分配或学校聘任,可担任中学教师,但在评定教师职称之前要通过教育基本理论学习、掌握教材教法的基本知识与教育教学工作的基本能力,并经考核合格方能正式确定为与其学历相应级别的教师。工、农、医、财经、政法等学院为对口的中等专业学校或职业中学培养专业课师资,办师资培训班,一般将教育基本理论学习,教育教学能力培养纳入课程计划,因此,凡国家计划招生的各院校的师资培训班,均为师范教育的组成部分。师资培训班的合格毕业生与师范院校毕业生享受同等待遇。

(四)中小学教师《专业合格证书》考试制度

20世纪80年代,中小学教师队伍建设面临大批教师学历没有达到合格标准,而培训能力又不足的困难局面,从国情出发,国家教委决定试行中小学教师《专业合格证书》考试制度。凡没有取得合格学历的教师均可在自学的基础上自愿报名,参加考试。取得规定学科的合格成绩,并且思想品德好;具有一定的教学能力,经考核合格者发给《专业合格证书》,作为认定教师资格、评职、晋级的依据。

《专业合格证书》标志着教师具有担任某一学科教学所必须具备的文化专业知识和能力,并能基本胜任所教学科的教学工作。《专业合格证书》的文化专业知识考试,要求教师分别系统学习和掌握国家规定的与所教学科密切相关的中等师范学校、师范专科学校和高等师范学校本科的文化基础知识。中学教师除考试所教学科的有关课程外,均需考试教育学和心理学基本原理。小学教师考试三门课程,即:(1)教育学和心理学基本原理;(2)语文和数学任选一门;(3)其他学科(自然、地理、政治、历史、音乐、美术、体育)任选一门。《专业合格证书》的文化专业知识考试,一般每年进行一次。教师可根据自己的实际情况,自愿申请参加全部或部分科目的考试,考试及格科目累积计算。达到规定学科成绩及格,学校或学区对有关教师的思想品德和教学能力进行考核,经评审通过,由上级教育行政部门核准并发给《专业合格证书》。

实行中小学教师《专业合格证书》制度，是从中国国情出发，在特定时期内，面对大批中小学教师不具备合格学历的实际情况，在师资培训制度上填补了一项空白，通过自学辅导，扩大了师资培训的覆盖面，开拓了中小学教师培训的新领域。

《专业合格证书》制度与国家自学考试制度、电视大学、电视师专、电视师范教育相沟通。凡按电视师院教学计划、教学大纲和教材组织学习，所进行的正式考试，无论通过何种形式进行学习，其相应学科考试成绩相互承认。即鼓励教师充分利用多种自学形式，取得合格学历，提高师资水平。

三、师范院校招生与毕业生分配制度

（一）招生制度

中等师范学校招收初中毕业生和同等学力者。要求思想政治进步、品德良好、学习优秀、身体健康，志愿献身于小学教育和幼儿教育事业者。实行国家统一招生办法。国家每年根据小学和幼儿教育事业发展对师资的需要确定全国中师招生计划以后，将招生指标分配给各省、市、自治区，由各省、市、自治区制定本地区的中师招生计划，具体组织招生工作。中师招生均采取省、市、自治区统一命题考试的办法。考试科目一般为政治、语文、数学、物理、化学五科。但中师招生录取的具体做法各地不尽相同，有的采取中师单独招生的办法；有的采取参加本地区高中统一招生考试，重点高中同批录取的办法。不论采取何种招生办法，均需由学校进行面试，有的加试音乐、美术，对于身体有生理缺欠，口吃、重听、高度近视等不予录取。

中等师范可根据地方教师队伍建设的需要，招收民办教师班。招收民办教师的条件是：具有初中毕业文化程度，年龄不宜过大，确能坚持学习，并有三年以上连续教龄。招收民办教师也要经过文化考试、思想品德审查、身体检查和面试，择优录取。

高等师范院校招收高中毕业生和具有同等学力者。要求热爱祖国，有社会主义觉悟和良好的道德品质，学习优秀、身体健康，志愿献身于中

等教育事业者。高等师范院校招生纳入国家高等学校统一招生计划,国家教育委员会根据国家计划高校招生总额和教育事业发展需要决定高等师范学校招生总人数,然后分别下达给直属高等师范院校和各省、市、自治区。各省、市、自治区及直属高等师范院校均按国家计划规定的办学层次和专业进行招生。高等师范学校招生由专业性质不同,分文、理两类参加高等学校招生统一考试。文科考试科目是:政治、语文、数学、外语、历史、地理。理科考试科目是:政治、语文、数学、外语、物理、化学。高等师范院校的艺术系(音乐系、美术系)、体育系招生除参加统一的文化课考试,适当放宽要求,要另行加试专业学科,在考生文化课考分达到录取线的基础上按专业学科加试成绩择优录取。高等师范院校招生一般纳入高等学校统一招生工作中进行。统一考试,分层次分别录取,国家教委直属师范院校与国家重点大学同级录取;省属重点高等师范院校与一般重点大学同级录取。对志愿报考师范院校的考生优先投放档案,以便优先录取。在录取过程中体现鼓励优秀青年报考师范院校的原则。有的省对高等师范院校招生实行参加统一考试,提前单独录取的办法;有的省试行高等师范学校单独招生,提前单独考试的办法。目的皆为改善高等师范院校的生源状况,吸收优秀青年进师范院校学习。

高等和中等师范学校均实行保送生制度,高等师范院校招收保送生名额一般不超过千分之五,经地方教育领导机关分配给师范学校和高中;中等师范招收保送生名额经当地教育领导机关分配给学区内规模较大初中。保送生必须符合保送条件,经接受保送的学校考查确认后,方能免试入学。

定向招生制度。随着义务教育的普及,中小学教师队伍日趋地方化。特别是广大农村和边远山区教育的普及,需要大批教师,家住城市的青年即使接受了师范教育,在这些岗位上能够长期坚持者不多。为切实给经济、文化较落后地区培养长期稳定的师资,实行对边远地区定向招生制度,即学校的招生名额分配到县,录取时对边远县份适当降低录取分数线,但在毕业后必须回原地担任教师工作。师范学院按其服务范围的实际情况,招收一定数量定向生。师范大学只按为地方服务的要求招收少数定向培养的师范生。师范专科学校和中等师范学校普遍实行定向招生制度。

(二)人民助学金与师范毕业生服务期制度

中等和高等师范学校学生均享受国家规定的师范生助学金,除补助在校的食宿费、书籍费之外,另有一定数额的生活困难补助费,由学校集中管理使用,对家庭经济困难的师范生,给予定期或临时补助。新中国建立前已有师范生享受公费待遇的传统,建国后,继续采用这一传统办法,在教育改革中,逐渐将单一助学金制度改为助学金与奖学金相结合的制度。

与师范生普遍享有助学金制度相对应,国家规定中等和高等师范学校毕业生均须在教育工作岗位服务一定年限。《中等师范规程》(试行)规定:中等师范学校毕业生至少必须服务教育工作三年。

(三)师范毕业生分配制度

中等和高等师范学校毕业生实行国家统一分配工作制度。中等师范学校毕业生由县以上教育行政部门根据本地区小学和幼儿园教师需缺情况,分派到小学和幼儿园任教。高等师范院校的毕业生,经地区(市)以上教育行政部门分配,到中等学校任教。

随着国家人事制度改革,师范毕业生的分配开始走上供需见面、直接洽谈的方式,即在国家分配师范毕业生实行宏观控制的前提下,用人单位与毕业生在洽谈会上直接见面,进行双向选择,给优秀毕业生以优先选择的机会,也给重点用人单位以更大的选择范围。双向选择有利于发挥毕业生各自的优势,也有利于用人单位量才使用,不埋没人才。鼓励师范生自觉适应用人学校的要求,迅速成才,更快更好地补充教师队伍。

第二节　中国师范教育的培养目标

师范教育的总体任务是培养合格的人民教师,为各级学校输送师资。按师范教育的层次说,中等师范学校(含幼儿师范学校)培养小学教师(含幼儿园教师);师范专科学校基本上培养初中阶段教师;高等师范本科基本培养高中阶段教师;师范大学的研究生院(部)基本培养高等院校教师。

师范教育培养目标的构成,包括思想品德培养目标,文化科学教育目标,教育理论与教育工作能力培养的专业培训目标,以及未来教师的身心素质发展目标。

一、教师的思想品德培养

中国教育素有重视思想品德教育的传统,古代教育家孔子就有"行有余力,则以学文"的主张,对教师的思想品德修养要求很高,强调以身作则,为人师表,"其身正,不令而行;其身不正,虽令不从"。在教师中间被视为格言。教育家的名言"师者,人之模范也"成为整个民族的观念。

现代中国师范教育培养未来的人民教师,为正确贯彻党和国家的教育方针,培养德、智、体全面发展的建设者和接班人做准备。要把坚定正确的政治方向放在首位,用马列主义、毛泽东思想和建设有中国特色的社会主义理论武装师范生的头脑。这是关系一代新人思想政治方向的大事。因此,师范院校特别重视思想品德培养目标,使师范生树立起正确的政治方向,形成辩证唯物主义世界观,具有共产主义道德品质。实施师范教育的德育目标,又集中体现于教师职业道德教育。

中华人民共和国教育委员会与全国教育工会共同颁发了《中小学教师职业道德规范》,提出六项道德要求作为师德教育的具体内容。

二、教师的文化科学知识素养

教师承担着传递人类文化科学知识的神圣职责,要做学生认识世界、掌握真理和智力开发的引路人。培养合格师资,必须使师范生掌握与未来工作相适应的文化科学知识与技能,它是培养目标的重要方面。

培养合格教师在文化科学知识素养方面的基本要求,突出表现于中国师范教育的课程计划与教学要求之中,有如下几项特点:

(一)以学科专业为中心,扎实、系统地掌握基础知识和技能。

中等师范强调语文、数学为最基本学科,高等师范院校按所学的学科专业,或主辅修专业的要求,首先要保证学好基础课,由共同基础课到专业基础课,保证学时,从严要求,加强基本技能训练,这是形成教师合理知识结构的基本要求。教师要精通所教学科的教材,而教材的主体是系统的学科基础知识,对这些知识教师不仅要自己懂得,还必须能给学生讲解清楚,能够引导学生理解、会用,教师不但要知其然,还要知其所以然,能对学生的观察与思维进行恰当的指点。此外,教学过程有及时性的要求,教师对基础知识的掌握不仅要准确、深刻,还必须熟练,能够敏捷而灵活地运用基础知识解决问题,以保证教学流畅地进行。

每个学科教学都有各自的基本技能,通过训练使学生掌握这些智力活动技能、操作技能和学习技能,是师范院校教学的重要任务之一。

(二)知识面宽,掌握比较广博的文化科学知识。

科学的发展使学科之间的渗透日益加强,精通某一学科必须有相关学科知识的支持,教师要教好一门功课,除了扎实、系统地掌握本学科基础知识之外,还必须知识面开阔,具有多方面的知识。教学要多角度、多方面、多层次启发学生思维,培养创造思维能力,只能借助多方面的知识去实现。同时,现代教育是通过多种教育途径培养学生兴趣,促进其智力发展,形成其良好个性,教师要从多方面去启发引导学生,回答他们提出的各式各样的问题。教师的知识面过窄将无法适应现代教育的要求。各级师范学校除课程门类齐全,课程内容充实,还要有丰富的校园文化生活,在各种教育活动中扩大师范生的知识视野,提高文化科学知识素养。

(三)具有任教学科的学科发展史知识。

教师通过学科教学教书育人,学科发展史的知识是不可少的。学科发展史揭示一门学科知识体系的形成过程,说明知识的积累、规律的发现与社会发展的关系,记载着劳动人民智慧在学科发展中的反映,具有对思想家、科学家、文学家、艺术家们的伟大探索与创造的生动记述等,内容极为丰富。掌握学科发展史对教材的系统性、对相关知识的内在联系可有更深刻的理解,从而更有效地引导学生领会知识,学会思考。同时,科学家、艺术家们的事迹是对学生进行思想品德教育的生动教材。

各门学科的发展史中都蕴藏着十分丰富的教育因素,是提高教师文化素养的重要内容。

(四)了解本学科领域新的科研成果。

各门学科教材不断更新,吸收新的知识,对教师提高科学知识水平提出新的要求。教师要充分理解教材中吸收的新思想、新观点和新方法,必须了解本学科领域科研发展的现状与趋势。在教学中要启发学生科学思维,培养学生科学兴趣,激发学生的创造精神,都需要借助科学研究的新课题、新思想、新成果的资料。因此,师范院校结合专业特点开展科研活动,结合科研开设新的选修课,发展师范生的科研兴趣,使其了解与本专业相关的新科研成果,是提高科学文化素质的实际需要。

三、教育理论与业务能力的培养

现代教育要求教师接受先进教育理论武器,懂得教育规律,形成科学的教育观念,摆脱凭个人经验与技艺,匠人式的工作状态。因此,师范教育把掌握现代教育理论列为重要培养目标。中国文化历史悠久,教育理论遗产丰富,为加强教师的教育理论修养,充实教育理论的内容,提供了优越的条件。在培养师资的过程中要求一名合格的教师必须掌握教育学、心理学、教育史、学科教学法的理论知识,在科学的理论指导下,树立正确的教育观,遵循教育规律,贯彻科学的教育原则和方法,不断提高教育、教学工作质量。

教育理论应用于教育工作实践,需要教师有良好的业务能力,教育、教学业务能力的培养,是师范教育的重要方面。培养教师的业务能力包括:

(一)善于观察、了解学生的能力。

以敏锐、精细的眼光从学生表情、姿态、活动看出他们的心理活动与情感变化,及时调整教育措施,创造良好的教育气氛。

(二)深刻的分析和良好的表达能力。

深刻的思维分析能力是良好表达的基础,而良好的表达能力是教师做好工作的必备条件。因此,深入思考分析与良好表达能力是师范生要着重训练的基本功。口头语言发标准音,讲普通话,清晰、准确,表达内容有逻辑性,善于传达情感,有感染力,都是对师范生表达能力的基本要求,提高表达能力是加强业务素养的重要一项。

(三)组织管理学生的能力。

教师进行课堂教学和带领班级都必须做好学生的组织管理工作。青少年学生正在成长时期,精力旺盛,活泼好动,有强烈的求知欲和好奇心,思维的独立性日益增强,对他们进行组织管理必须把握其年龄特征,教师要善于激发学生的上进心,针对个性特征进行委托,提出要求,恰当地运用表扬与批评,发扬每个学生的长处,去实现集体的奋斗目标,树立正确的集体舆论,形成良好班风,所有这些方面的组织管理能力,都要在师范教育时期进行认真地培养与锻炼。

(四)运用教育机智的能力。

教育机智是指抓住最佳教育时机,采取最恰当的教育方法,达到最优的教育效果。教师要在师生共同活动中敏感地捕捉时机,巧妙地运用教育方法,争取事半功倍的教育效果。高超地运用教育机智是教师业务能力的综合表现,是长期教育经验的升华,实非一日之功,但要逐渐成为善于掌握教育机智的成熟教师,就要从师范生开始,树立教育机智意识,深入了解学生,探索教育活动规律,为运用自如地掌握教育机智打下良好的基础。

四、教师身心素质的培养

教师的工作是相当辛苦的,每天的工作量很大,需要有强健的身体去承担繁重的任务,体魄健康是合格教师的必备条件,提高未来教师的身体素质是各级师范学校教育目标之一。

心理素质的提高更是培养师资的特殊需要,国家教委颁发的《中学德育大纲》、《小学德育纲要》都强调提出培养学生个性心理素质和能力,养成诚实正直、积极向上、自尊自强的品质,形成坚毅勇敢不怕困难、敢于创新的品格。要培养学生具有良好的心理素质,塑造勇于求新、顽强奋斗的性格,教师自身首先要具备这种心理素质与性格特征。显然,培养未来教师的良好心理素质是提高新一代青少年心理素质的需要。同时,教育工作的特点,它是复杂的创造性的脑力劳动,是在师生的智力、情感交流过程中培育新人的,对教师的心理品质提出更高的要求。因此,重视师范生心理素质的培养,塑造良好的个性心理品质,将其纳入培养目标,体现了师范教育水平的提高,对培育新师资提出了更全面的要求。

第三节 中国师范教育的课程计划

学校教学是实现培养目标的基本途径,而教学是依据课程计划进行的。师范学校的课程计划是培养合格师资的重要保证,也是师范教育特点集中体现。中国师范教育的课程计划一般是由国家教育行政部门统一制订的,随着国民教育事业的发展,对师资条件要求的不断提高,师范教育课程计划的制订与管理曾有多次变化。各级师范教育课程计划的制订、改革与发展状况如下:

一、中等师范学校的课程计划

新中国建立不久,1951年中央教育部召开第一次全国初等教育和师范教育会议。讨论解决了中等师范教育的方针任务、学制和教学计划等问题,制订了《师范学校暂行规程(草案)》和师范学校、幼儿师范学校教学计划等文件颁布试行。1956年前后,教育部先后颁布试行《师范学校规程》、《师范学校附属小学条例》、《师范学校教育实习办法》,并制定了《师范学校教学计划》、《幼儿师范学校教学计划》,按教学计划要求编写出版了师范学校各科教学大纲和教材,使教学步入正轨,教学质量显著提高。1958年"大跃进"后,教学计划被打乱,教学质量明显下降。进入改革开放时期,1980年教育部召开全国师范教育工作会议,总结了建国30年来中等师范教育的经验,通过了《关于办好中等师范教育的意见》、《中等师范学校规程(试行草案)》、《中等师范学校教学计划(试行草案)》、《幼儿师范学校教学计划(试行草案)》。新的教学计划既注意提高文化科学水平,又注重训练专业能力,使中等师范教育重新走上正轨。

1980年颁发的《中等师范学校教学计划(试行草案)》规定开设的学科有:政治、语文、数学、物理、化学、生物、生理卫生、历史、地理、外语、心理学、教育学、小学语文教材教法、小学算术教材教法、小学自然常识教学法、体育及体育教学法、音乐及音乐教学法、美术及美术教学法等课。民族师范学校开设民族语文课程。总体时间分配为：(1)三年制师范：第一学年上课 36 周，复习考试、节假日和机动时间共 4 周，生产劳动 2 周，寒暑假 10 周；第二学年上课 34 周，复习考试，节假日和机动时间共 4 周，教育实习二周，生产劳动二周，寒暑假 10 周；第三学年上课 31 周，复习考试、节假日和机动时间共 5 周，教育实习 6 周，寒暑假 10 周。(2)四年制师范：第一学年与三年制师范第一学年相同；第二、三学年与三年制师范第二学年相同；第四学年与三年制师范第三学年相同。

幼儿师范学校教学计划，随具体培养目标之不同，为培养合格的幼儿园教养员，开设幼教系列课程，其他共同性的基本课程与中等师范学校相同。教学时间分配基本一致。

1985 年，教育部修订《幼儿师范学校教学计划试行草案》，正式颁发《幼儿师范学校教学计划》，针对前期试行计划存在课时过多，学生学习负担重，自学时间和课外活动时间过少，不利于培养学生的智力和能力的问题，修订中适当调整了文化课、教育课、艺体课等各类课程比重，主要是：减少了理化课的课时（比原计划课时减少一半），教育课的课时稍有增加，艺体课的课时稍有减少，四年制幼师还增加了选修课。教育实习时间有所增加，三年制 9 周（原计划 8 周），四年制 11 周（原计划 10 周）。为使学生有较多时间自学和参加各种课外活动，将每周上课时数调整为 28 节，比原教学计划减少 2 至 3 节；每学年上课周数比原计划减少 2 周，增加机动时间和延长假期。

1986 年，国家教育委员会发出《关于调整中等师范学校教学计划的通知》，针对原来教学计划（试行草案）有些学科课时偏多，学生学习负担较重，自学时间和课外活动时间少，不利于培养学生智力和能力的问题，要求严格控制教学时数和课程门类，减少一些学科的教学时数；适当延长假期，每学年上课周数相对减少；适当增加政治课的课时；妥善安排选修课；加强教育理论课程和教育实习；加强学生基本功训练。具体安排见"调整后的三年制师范学校教学计划表"（表一）和"调整后的四年制师

范学校教学计划表"（表二）

　　1989年，国家教委颁发《三年制中等师范学校教学方案（试行）》。为了深入进行中等师范学校教育教学改革，适应社会主义现代化建设的发展和实施九年义务教育的要求，根据中等师范教育特点，坚持以课堂教学为主，实行必修课与选修课相结合，课堂教学与课外活动相结合，学校教育与社会实践相结合的原则，使中等师范学校的教育教学活动成为由必修课、选修课、课外活动和社会实践有机结合的整体。必修课包括思想政治、文化知识、教育理论、艺术、体育和劳动技术教育等类课程，各类课程都要重视乡土知识的传授，主要为农村培养小学师资的学校要重视对学生进行农村实现社会主义现代化的教育。必修课周课时安排及学科课时总数见"三年制中等师范学校必修课课时分配参考表"（表三）。选修课一般开设文化知识、小学教材教法、艺术、体育以及适应本地经济发展需要的职业技术教育等类课程。三年制中等师范学校的选修课时应为总课时的7％～15％（约250～450课时）。

　　教育实践包括参观小学、教育调查、教育见习和教育实习，是中等师范学校思想教育、文化知识、教育理论的综合实践课，是小学教师职前教育的必要环节，对于学生了解小学教育、熟悉小学学生、巩固专业思想、培养实际能力、初步掌握科学的教育教学方法、具有特殊作用。教育实践的时间为10周左右（一年级、二年级各2周，三年级6周）。

　　课外活动，通过举办讲座，组织兴趣小组等多种形式，开展学科、科技、文体以及社会调查、社会服务等活动，是师范学校教学活动的有机组成部分，对于学生学习文化知识、发展个性和培养能力，特别是小学教育、教学工作的实际能力，具有重要意义。

　　可见，中等师范学校的课程计划是随国家社会主义建设事业的发展和初等教育的普及与提高，对合格小学教师的要求日益提高，而不断调整的。由单纯重视文化知识传授，发展为全面培养未来教师素质，以适应小学教育由"应试教育"转变为全面提高学生素质教育的师资要求。

调整后的三年制师范学校教学时数表　　　（表一）

科目	课时	一	二	三	上课总时数	比原计划增（＋）、减（一）课时
政治		2	2	2	192	＋21
语文	文选和写作	5	5	4	582	−32
	语文基础知识	2	2			
	小学语文教材教法			2	60	−2
数学	数学	6	5		364	−56
	小学数学教材教法			4	120	−4
物理学		3	3	2	258	−45
化学		3	3		198	−12
生物学		3			102	−42
生理卫生			2		64	−4
历史				3	90	−3
地理				2	60	−33
心理学			2		64	−4
教育学				4	120	−4
体育及体育教学法		2	2	3	222	−11
音乐及音乐教学法		2	2	2	192	−10
美术及美术教学法		2	2	2	192	−10
每周上课总时数		30	30	30		
每学年上课周数		34	32	30		
教育实习（周）			2	6		
生产劳动（周）		2	2			
上课全总时数					2880	−251

资料来源：国家教育委员会《关于调整中等师范学校教学计划的通知》1986 年 8 月29 日。

调整后的四年制师范学校教学时数表　　　（表二）

科目	课时	一	二	三	四	上课总时数	比原计划增（＋）、减（一）课时
政治		2	2	2	2	256	＋17
语文	文选和写作	5	5	4	4	774	－44
语文	语文基础知识	2	2	2		774	－44
	小学语文教材教法				2	60	－2
数学	数学	4	4	4		392	－24
数学	小学数学教材教法				4	120	－4
物理学			3	3	4	312	－16
化学		4	3			232	－14
生物学		3				102	－42
生理卫生			2			64	－4
历史		3				102	－99
地理				2		64	－38
心理学			3			96	－6
教育学				2	2	124	－6
体育及体育教学法		2	2	3	3	318	－17
音乐及音乐教学法		2	2	2	2	256	－14
美术及美术教学法		2	2	2	2	256	－14
每周必修课上课时数		29	30	26	24		
选修课		(1)		(4)	(6)	(312)	
每周上课最高时数		(30)	(30)	(30)	(30)		
每学年上课周数		34	32	32	30		
教育实习(周)			2	2	6		
生产劳动(周)		2	2	2			
上课总时数						3528—3840	－32－－15

资料来源:国家教育委员会《关于调整中等师范学校教学计划的通知》1986 年 8 月 29 日。

三年制中等师范学校必修课周课时参考表　　（表三）

科目 ＼ 学年 周课时	一	二	三
思想政治	2	2	2
语文 小学语文教材教法	6	6	4 2
数学 小学数学教材教法	5	5	3
物理	3	2	
化学	2	2	
生物学 （包括少年儿童生理卫生）	4		
历史		2	2
地理		2	2
小学心理学教程	3		
小学教育学教程		2	2
体育	2	2	2
音乐	2	2	2
美术	2	2	2
劳动技术	2	2	

资料来源：国家教育委员会《关于颁发"三年制中等师范学校教学方案（试行）"的通知》1989年。

二、高等师范专科学校的课程计划

1981年,中央教育部召开师范专科学校教学工作座谈会,修订(或制订)了10个科的教学计划。对制订师范专科学校各科教学计划的指导思想,提出:

1.教学计划要体现师范专科学校培养目标的要求,师专的培养目标应是"合格的初中教师"。

2.教学计划要体现师范教育特点,有鲜明的针对性。注重学生的思想品德修养,加强基础理论、基本知识与技能的教学,并扩大学生的知识面,强调培养学生的自学能力、思维能力、口头和文字表达能力,以及组织学生的能力。

3.教学计划要贯彻量力性原则,从实际出发。反对盲目"拔高",向高师本科"看齐"。

4.安排好各类课程的比例,切实加强专业课教学。在公共政治课、外语课和体育课基本不动的情况下,加强教育学科和专业课的教学。

5.坚持理论联系实际的原则,加强实践环节。教育实习是培养合格初中教师必不可少的环节,实习时间三年制师专6周、二年制师专4周,要认真组织进行。此外,要组织学生参加一定的生产劳动和军事训练。文科专业要进行一些社会调查。理科要加强实验环节和专业实习。

关于师专的课程设置,要求紧紧围绕培养初中师资的目标,贯彻少而精的原则,安排好五种课,即政治理论课、教育理论课、专业课、体育课、外语课,形成合理的课程结构。

1.政治理论课:三年制文科专业开设中共党史、哲学和政治经济学,理科专业开设中共党史(或政治经济学)和哲学;二年制文科专业开设中共党史和哲学,理科专业只开设哲学。

2.教育理论课:二、三年制均开设教育学和心理学。心理学的教学时间适当增加。教学法课归入专业课之内。

3.专业课:根据培养目标要求,使学生学好本专业的主干课程,掌握专业的基础理论、基本知识和基本技能,为其以后工作和进修提高打下扎实的基础。贯彻少而精的原则,专业课设置要与本科相区别。学校可根据各自的条件,适当安排少量的专题讲座,开阔学生的知识视野。

4.体育课:三年制安排两个学年;二年制安排三个学期。

5.外语课:三年制开设外语课,安排两个学年,每周3学时。

师范专科学校的教育实习以组织学生进行课堂教学实践为主,并担任一定的班主任工作。它是师专教育、教学的重要组成部分,是对师专生进行教育、教学实际能力训练的基本形式。要认真组织,从严要求,凡教育实习成绩不及格者不发师专毕业证书。

师专教学计划中的时间安排。三年制共有156周,具体分配是:教学时间117周,其中上课102周,复习考试9周,教育实习6周;生产劳动、军训和社会调查6周;机动3周;假期30周。二年制共有104周,具体分配是:教学时间78周,其中上课68周,复习考试6周,教学实习4周;生产劳动和军训4周;机动2周;假期20周。政治活动与形势教育时间均按每周一课时计算,三年制约为两周,二年制约为一周半。师专学生上课与自习时间的比例,文科按1:1.5,理科按1:1.2安排,每周上课一般在20学时左右。

各专业的时间安排、学科设置与学时分配,在专业的教学计划中具体规定。

三、高等师范院校本科的课程计划

新中国建立后,学习苏联的教育理论和教学经验,1953—1955年间,国家高等教育部制定了高等师范学校语文、历史、政治教育、教育、数学、物理、化学、生物、体育10个专业的教学计划。1957年前,全国高等师范学校执行国家统一制订的教学计划。1958年"大跃进"时期,学校加强政治教育,生产劳动列入教学计划,使教学处于不稳定状态。1961年教育部召开全国师范教育会议,拟定了高等师范学校教学计划的若干原则,包括:

1.以教学为主,全面安排学校的各项工作,高等师范院校每年教学时间必须保证在 8 个月以上。

2.正确处理各类课的比重。政治课占教学总时数的比重,文科约为 18％,理科约为 11％;专业课占教学总时数的比重,文科约为 60％,理科约为 70％。为加强高等师范学校文化科学知识的教学和基本技能的训练,在专业课中基本理论课占 95％,其余时间开设一定的选修课。

3.高等师范学校要重视和加强教育业务训练。保证教育理论教学时间,教育实习安排 6～8 周。

4.培养学生独立工作能力。本科高年级学生可以在教师指导下,结合教学的一定环节进行科学研究。

5.高等师范学校的学生要参加必要的生产劳动。

根据这些原则精神,高教部组织有关高等师范学校,讨论修订了各专业的教学计划。

在社会主义现代化建设的新时期,教育部先后颁发了高等师范学校学校教育专业教学方案(修订草案)、高等师范院校四年制本科英语专业教学计划(试行草案)、高等师范学校四年制本科音乐、美术专业教学计划(试行草案)、高等师范学校四年制本科数学、物理、化学生物、地理、体育、汉语言文学、历史、政治教育等专业的教学计划(试行草案)。修订或制订高等师范学校本科各专业教学计划基本要求是:

1.切实体现高等师范学校本科培养目标的要求,为培养合格的中等学校师资、建立合理的课程结构。

2.坚持坚定正确的思想政治方向,加强对学生的思想政治教育。注意世界观、人生观的教育,培养高尚的道德品质,适应教师职业要求。

3.贯彻因材施教的原则,从学生实际出发,合理安排教学时间,适当减少课堂讲授时数,增加自学时间,增加选修课的比重。

4.贯彻理论结合实际的原则,加强实践性教学环节,重视教育实习、参加劳动、军事训练、社会调查、实验操作等。

第四节 中国师范教育的管理形式

1993 年,经全国人民代表大会常务委员会会议通过,由国家主席令发布《中华人民共和国教师法》,自 1994 年 1 月 1 日起施行。《教师法》对教师资格和任用、教师考核与奖励等均提出法定要求,为教师队伍建设与管理提供了基本的法律依据。

一、教师资格与任用

1985 年发表《中共中央关于教育体制改革的决定》提出:要争取在五年或更长一点的时间内使绝大多数教师能够胜任教学工作。在此之后,只有具备合格学历或有考核合格证书的,才能担任教师。随后经人民代表大会通过的《中华人民共和国义务教育法》明确规定:"国家建立教师资格考核制度,对合格教师颁发资格证书"。这一法制规定在《教师法》中均加以具体落实。

《教师法》第三章资格与任用,第十条具体规定:国家实行教师资格制度。中国公民凡遵守宪法和法律,热爱教育事业,具有良好的思想品德,具备本法规定的学历或者经国家教师资格考试合格,有教育教学能力,经认定合格的,可以取得教师资格。

对取得教师资格应当具备相应学历的规定是:

1.取得幼儿园教师资格,应当具备幼儿师范学校毕业及其以上学历;

2.取得小学教师资格,应当具备中等师范学校毕业及其以上学历;

3.取得初级中学教师、初级职业学校文化、专业课教师资格,应当具备高等师范专科学校或者其他大学专科毕业及其以上学历;

4.取得高级中学教师资格和中等专业学校、技工学校、职业高中文化课、专业课教师资格,应当具备高等师范院校本科或者其他大学本科毕业及其以上学历;

5.取得高等学校教师资格,应当具备研究生或者大学本科毕业学历;

6.取得成人教育教师资格,应当按照成人教育的层次、类别,分别具备高等、中等学校毕业及其以上学历。

不具备教师法规定的教师资格学历的公民,申请获取教师资格,必须通过国家教师资格考试。国家教师资格考试制度由国务院规定。

中小学教师资格由县级以上地方人民政府教育行政部门认定。中等专业学校、技工学校的教师资格由县级以上地方人民政府教育行政部门组织有关主管部门认定。普通高等学校的教师资格由国务院或者省、自治区、直辖市教育行政部门或者由其委托的学校认定。

国家实行教师职务制度。学校和其他教育机构要逐步实行教师聘任制。教师的聘任应当遵循双方地位平等的原则,由学校和教师签订聘任合同,明确规定双方的权利、义务和责任。

二、教师的考核与奖励

《中华人民共和国义务教育法》中规定:"国家建立教师资格考核制度","对优秀教育工作者给予奖励",在《教师法》中加以具体落实。《教师法》第五章考核部分中提出:学校或其他教育机构应当对教师的政治思想、业务水平、工作态度和工作成绩进行考核。教育行政部门对教师的考核工作进行指导、监督。考核应当客观、公正、准确,充分听取本人、其他教师以及学生的意见。教师考核结果是受聘任教、晋升工资、实施奖励的依据。

由国务院办公厅转发的《关于实施〈义务教育法〉若干问题的意见》中具体提出:建立教师考核制度。对不具备国家规定学历和不能胜任教学工作的中小学教师,应组织他们在职进修学习,并进行考核。省、自治区、直辖市教育主管部门应根据国家有关规定,制订具体考核标准和考核办法。考核合格者,发给证书。

在教师继续教育中,要求认真考核教师的学习成绩,作为全面考核教师的重要内容,建立教师进修档案,健全考核制度与成绩管理办法。教师在继续教育中的成绩和证书,是学校考核教师业绩、评聘职务、晋升工资、实行奖励的重要依据。学习成绩考核是教师继续教育的驱动力量。

教师考核的内容是多方面的,思想政治表现、师德修养及完成教育教学任务的业绩,是通过实际工作,在履行岗位职责的过程中进行考核的。进修学习,无论是取得合格学历的系统学习,还是专项业务进修,都要通过认真的考试、考查,评定成绩,记入档案,使教师考核制度化。

在教师考核的基础上实行教师奖励制度。《中华人民共和国教师法》有专章写明对教师的奖励。教师在教育教学、培养人才、科学研究、教学改革、学校建设、社会服务、勤工俭学等方面成绩优异的,由所在学校予以表彰、奖励。国务院和地方各级人民政府及其有关部门对有突出贡献的教师,应当予以表彰、奖励。对有重大贡献的教师,依照国家有关规定授予荣誉称号。《教师法》的这些规定已经普遍实行。中小学普遍结合总结学期和学年的工作,表彰和奖励本校的优秀教师和先进工作者。国务院和地方政府结合每年 9 月 10 日教师节和年度总结表彰了许多模范教师、优秀班主任、先进教育工作者。在中华人民共和国建国 40 周年和教师节五周年之际,国家教育委员会、人事部、全国教育工会联合发出表彰优秀教师和教育工作者的通知,发布《嘉奖优秀教师和教育工作者暂行办法》,国家对长期从事教育工作并作出显著成绩的教师,颁发"全国优秀教师奖章"和相应的证书;其中贡献较大者,颁发"人民教师奖章",授予全国教育系统劳动模范称号(享受省部级劳动模范待遇)和相应的证书。对作出显著成绩的教育管理人员颁发"全国优秀教育工作者奖章"和证书,其中贡献较大者,并授予全国教育系统劳动模范称号和相应的证书。设立或出版嘉奖优秀教师和教育工作者光荣簿,记载他们的名字和业绩,进行适当宣传,发给受表彰的教师和教育工作者奖金,并在组织参观、休养等活动时予以优先。1989 年全国共表彰优秀教师和教育工作者两万人,其中 1500 人授予全国教育系统劳动模范称号,享受部级劳动模范待遇。其他年度另有多人被授予"五一劳动奖章"、"三八红旗手"、"全国优秀体育教师"、"全国优秀民办教师"等。

为表彰中小学教育教学工作中有特殊贡献的教师,1978 年,教育部、国家计划委员会联合颁发《关于评选特级教师的暂行规定》,各地普遍开展了评选特级教师的活动,实践表明授予特别优秀的中小学教师以特级教师称号,表彰先进,树立榜样,对教师队伍建设产生巨大的积极作用。1993 年,国家教委、人事部、财政部共同颁发《特级教师评选规定》,明确"特级教师"是国家为了表彰特别优秀的中小学教师而特设的一种既具先进性,又有专业性的称号。特级教师是师德的表率、育人的模范、教学的专家。授予特级教师称号,颁发特级教师证书,在各省、自治区、直辖市庆祝教师节大会上进行。采用多种形式宣传特级教师的优秀事迹,推广特级教师的先进经验。特级教师享受特级教师津贴,退休后继续享受,数额不减。中小学民办教师被评为特级教师的,享受同样津贴。各地通过评选特级教师并给予较高的待遇,进一步提高了中小学教师的社会地位,对广大中小学教师长期从事教育事业起到了积极鼓励作用。

《教师法》规定:国家支持和鼓励社会组织或者个人向依法成立的奖励教师的基金组织捐助资金,对教师进行奖励。已建立的全国性奖励教师的基本组织有"中国中小学幼儿教师基金会",有的爱国侨胞对国家或家乡捐资建立奖励教师基金会。一些大企业或迅速发展的乡镇企业也向地方教育部门和学校捐资奖励教师,既受到国家和地方政府的大力支持,也受到广大教师的欢迎。

三、教师职务的评定与晋升

为了充分调动和发挥中小学教师为社会主义教育事业服务的积极性和创造性,激励教师不断提高政治思想觉悟、文化业务水平和履行职责的能力,努力完成本职工作,国家教委制订了中小学教师职务试行条例等文件,自 1986 年开始在全国进行了中小学教师职务评定。

中学教师职务设:中学高级教师、中学一级教师、中学二级教师、中学三级教师,各级教师职务设有定额。中学高级教师为高级职务,中学一级教师为中级职务,中学二级和三级教师为初级职务。小学教师职务同样分设,小学高级、一级、二级、三级教师,按各级教师职务定额。高级教师为高级职务、一级教师为中级职务、二、三级教师为初级职务。

中小学教师职务实行聘任或任命制。聘任或任命教师职务,必须经过教师职务评审委员会从政治思想、文化专业知识水平、教育教学能力、工作成绩和履行职责等方面进行评审,认定具备担任相应职务的条件,由学校或县以上教育行政部门领导进行聘任或任命。聘任或任命教师担任职务有一定任期,每一任期一般为三至五年。可以续聘或连任。

学校按教师职务级别不同,分配给教师担任教育教学工作,要求其履行应尽的职责,教师职务级别越高,职责要求也更高。中小学二、三级教师的基本职责是:承担教学任务,备课、讲课、辅导、批改作业、考核学生成绩;在课内外对学生进行思想品德教育,担任班主任或组织、辅导学生课外活动;参加教学研究。一级教师除承担学校所安排的教学工作,班主任工作或课外活动的组织与辅导外,要承担和组织教育教学研究工作,并指导二、三级教师工作,或承担培养新教师的任务。高级教师职责除承担学校安排的教育教学工作任务,要承担教育科学研究任务,指导一、二、三级教师工作,承担培养教师的任务。

中小学教师的任职条件,在政治思想与师德修养方面提出共同的基本要求是:拥护中国共产党的领导,热爱社会主义祖国,努力学习马克思主义和党的路线、方针、政策,有良好的师德,遵守法纪,品德言行堪为学生的表率,关心爱护学生,教书育人,使学生在德育、智育、体育等方面得到全面发展,努力做好本职工作,并在完成本职工作前提下,结合工作需要,努力进修,提高教育和学术水平。在此共同要求的基础上,中学三级教师职务,要求具有高等学校专科毕业学历,见习一年期满,经考核具有教育学、心理学和教学法的基础知识,能够履行三级教师职责。中学二级教师,要求具有高等学校本科毕业学历,见习一年期满,或担任中学三级教师二年以上,经考核,表明能够履行二级教师职责。中学一级教师,要求二级教师任教四年以上,或获得硕士学位,经考核,能够履行一级教师职责。中学高级教师,要求一级教师任职五年以上,或者获得博士学位者,经考核,能够履行高级教师职责。小学三级教师,要求任教一年以上,经考核,表明能够掌握所教学科的教材、教法,完成所承担的教育教学工作,能履行三级教师职责。小学二级教师,要求具有中等师范学校毕业学历,见习一年期满,或者小学三级教师任教三年以上,经考核,能够履行二级教师职责。小学一级教师,要求小学二级教师任教三年以上,或高等学校专科毕业生见习一年期满,经考核,表明能履行一级教师职责。小学高级教师,要求小学一级教师任教五年以上,或高等学校本科毕业生见习一年期满,经考核,表明能履行高级教师职责。以此为基本条件进行教师职务评审。

教师职务评审与晋升的程序,首先由学校对聘任或任命的教师的政治思想表现、文化专业知识水平、教育教学能力、工作成绩和履行职责的情况进行考核,建立考绩档案,为教师职务的评审和聘任或任命提供依据。中小学教师职务评审工作由省、地、县三级教育行政部门领导,省、地、县三级设中学教师职务评审委员会,地、县两级设小学教师职务评审委员会,各级评审委员会由同级教育主管部门批准。学校设立评审小组,由县级教育行政部门批准。进行教师职务评审时,由本人提供政治思想、教育教学工作总结和履行职责情况,填写《教师职务评审申报表》,经相应的评审组织评审后,报主管部门审核。中学高级教师职务由省级评审委员会审定,中学一级教师、小学高级教师职务由地(市)级评审委员会审定。中学二、三级教师,小学一、二、三级教师职务由县级评审委员会审定。

四、教师队伍的管理

1978年国务院批转发布《教育部关于加强中、小学教师队伍管理工作的意见》,对加强中、小学教师队伍管理提出具体要求:

1.中小学公办教师的管理、调配工作,由县以上各级教育行政部门负责。教师的调动,需经县以上教育行政部门同意。

2.高师、中师毕业生应全部分配到教育战线工作。高师、中师毕业生的分配计划,由省、市、自治区教育部门会同计划部门、人事部门共同制定,派遣工作由教育部门负责。

3.公办教师的自然减员,由教育部门于当年如数从民办(代课)教师中选择补充。

4.各级行政部门不应占用教育事业编制。各部门、各单位不要任意借调或抽调教师做非教学工作。

教育部发布《关于中小学教师队伍调整整顿和加强管理的意见》,明确规定:

1.中小学教师和各级教育事业编制人员的管理、调配,自然减员的补充和高、中等师范学校毕业生的分配、派遣,应由县以上教育行政部门负责。保证师范院校毕业生分配到中小学任教,不得任意截留。

2.中小学教师队伍整顿后出现缺额和事业发展新增师资以及补充自然减员的师资,均由国家分配高等师范学校、其他高等学校和中等师范学校毕业生解决(不足部分,采取择优录用在职的合格中小学民办教师的办法解决)。不允许不合格人员进入教师队伍。

3.今后凡未受过教育专业训练的人员,不得安排到教育系统担任教师。

4.切实制止骨干教师外流。

5.原属中小学的合格教师,被调出和长期借调到其他部门和教育系统的企事业单位工作的,应调回中小学任教。

6.各级教育行政部门,应就中小学教师的任用、职责、考核、晋升、奖惩、进修提高等一系列管理问题,逐步制定出切实可行的办法,建立起科学的教师管理制度。

《中华人民共和国教师法》的颁布,为实行教师队伍的科学管理,提供了法律依据,使教师的管理有了法律保障。

第五节 中国教师的继续教育

一、教师继续教育的任务和内容

1985 年,在中共中央发布《关于教育体制改革的决定》之后,为实行九年制义务教育准备师资队伍,国家教委召开全国中小学师资工作会议,提出:建设一支数量足够、质量合格中小学师资队伍的任务。1990年,国家教委召开全国中小学教师继续教育工作座谈会,会后发出会议纪要。指出:现阶段中小学教师继续教育是指对已达国家规定学历的教师进行以提高政治思想素质和教育教学能力为主要目标的培训。中小学教师继续教育的任务是通过培训使每个教师都在现有基础上得到进一步提高,并培训出一定数量的骨干教师和学科带头人,使其中一部分逐步成为中小学教育教学专家,为初步形成一支坚持社会主义方向、品德高尚、结构合理、质量优良、适应需要的中小学教师队伍发挥重要作用。

20世纪80年代以前,中国教师队伍建设过程中,进行了大量的教师在职培训工作,对提高师资水平发挥了重大作用。当时,从教师的实际出发,实行分类提高,根据"教什么,学什么,缺什么,补什么"的原则,把长远的系统学习文化专业知识和搞好当前教学工作的教材教法学习结合起来,通过进修,促进教学。对于教学有困难的教师,首先组织他们结合教学工作学习教材和教学方法,然后再系统进修文化、专业知识。对于基本胜任教学工作,但未系统学习过所教学科专业知识的教师,组织他们进行系统的学习。凡没有达到合格学历的教师,都要有计划地学习中师或高师的课程,已经达到中师、师专毕业程度的小学、初中教师,再学习、再提高、进入真正的继续教育阶段。

现阶段中小学教师继续教育的内容主要包括以下几方面:

1.政治理论学习:学习马列主义、毛泽东思想,学习邓小平建设有中国特色的社会主义理论,学习党的路线、方针、政策,是教师继续教育的重要内容之一。

2.教育理论学习:随着教育事业的发展,教育科学研究的深入,人类对教育规律的认识是不断前进的,新的教育理论观点、新的思想不断提出。广大教师在教育实践中创造出多方面的先进经验。要使教师的教育思想与当代教育的改革发展相适当,使教师的品德修养、教育观念符合时代发展的要求,必须把不断接受新的教育思想、掌握新的教育理论观点、不断吸收他人的先进教育经验,纳入教师继续教育的内容。把提高教师职业道德修养,树立先进的教育思想,建立在提高教育理论的基础之上。

3.学科专业知识的再学习:每个学科的知识都是不断丰富、发展的,教材内容随时代发展在不断更新,教师驾驭新教材只有职前所掌握的基础知识是不够的,不掌握新的科学知识就无法把更新的或是新补充的教材内容正确地教给学生,这是使用新教材进行教学的直接要求。教师还要了解与所教学科相关的科学领域的发展趋势,能够站在更高层次上,深刻理解更新教材的重大意义,把科学发展的新知识、新思想、新方法融会贯通地体现于本科教学之中,在传授知识、解答问题时给学生以富有时代感的新的启发,促进学生创造思维的发展,有效培养创造型人才。可见,学科知识的再学习,必然是教师继续教育的主要内容之一。

4.业务能力的再培训:每一名教师在取得任职资格时都具备了基本的业务能力,能够承担教学和辅导学生的工作。但是教师要不断接受新的任务,教学质量要不断提高,教师的业务能力,诸如善于处理教材、运用多种教学方法的能力,敏感地观察学生、了解学生的能力,深刻地分析问题、良好的语言表达能力,善于调动学生积极性、组织学生的能力等等,都需要在工作岗位上逐步提高。另外,随科学技术的发展,现代技术手段被广泛应用于教育教学工作之中,要求现代教师掌握现代教学手段,采用先进教学方法,能够运用计算机辅导教学,应用音像设备,制作教学软件,实现教学手段、方法的现代化。运用现代教学手段的技术是教师继续教育内容不可缺少的组成部分。

二、教师继续教育的途径与方法

教师继续教育根据不同层次教师在职进修的特点,采取自学为主、业余学习为主、短期培训为主的原则,把师资培训与教学研究密切结合起来,充分发挥电化教育手段的作用,主要途径与方法有:

1.教师在任职学校结合教学工作边教边学。学校和教研室组织业务学习、专题讲座、经验交流，安排有经验的老教师指导和帮助新教师，鼓励制订自学规划，不断提高文化业务水平。这是在职教师最基本、最经常、最普遍的进修提高方式。

2.离职进修。教师的离职进修一般是短期的。教育学院、教师进修学院、教师进修学校、各级教师培训中心及师范院校，经常根据教师继续教育的需要，举办各种类型的短期培训班或研讨班。各学科承担不同任务的教师，按工作需要和个人条件参加短期培训，离职进修，其学习期间的工作任务由其他教师分担，进修期满回原岗位更好地完成教育教学任务。有时学校根据教学改革和教师队伍建设的需要，选派教师学习新的专业知识与技能，培养新的学科教学带头人，提高其学历层次，送少数教师到高等学校参加教师进修班或专门进修部分课程，进行较长时间的离职进修。

3.函授学习。教师不脱离工作岗位，在完成工作任务的同时，通过函授、刊授，进行系统学习的进修方式。国家教育委员会1987年发布《普通高等学校函授教育暂行工作条例》指出：举办高等函授教育是国家高等教育的重要组成部分。高等师范函授教育必须以培养中等学校师资为主要任务，其他各类有条件的高等学校的函授教育也应承担培养师资的任务。函授教学包括自学、面授、辅导、答疑、作业、实验、实习、考试、课程设计、毕业设计及答辩等环节，以有计划、有组织、有指导的自学为主，并组织系统的集中面授。凡经所在单位批准，按国家规定，经考试录取的在职函授生，按教学计划要求，参加面授、实验、复习和考试占用的工作时间，作为学习公假，其工资由所在单位照发，参加集中教学活动的往返交通费、住宿费，由函授生所在单位解决。函授生学完教学计划规定的全部课程，达到教学大纲要求，考试考查成绩合格，并通过思想政治鉴定者，由学校发给毕业证书，国家承认其学历。按照授予学位的有关规定，对于符合条件的函授生授予相应的学位。国家教委对办好中等师范函授教育也提出了相应的要求，具备条件的中等师范学校、教师进修学校要举办为小学教师在职进修服务的中师函授教育。国家教育部统一制订《小学教师进修中等师范教学计划》(试行草案)、《关于试行中学教师进修高等师范本科七个专业教学计划的意见》、《关于修订中学教师进修高等师范专科教学计划的意见》使中等和高等师范的函授教育走上规范化道路。在提高中小学教师学历水平的过程中,大批教师是通过函授学习实现进修的。

4.学习卫星电视教学课程。国家为适应普及九年义务教育、加快培训师资的步伐,开通教育电视频道,于1987年建立中国电视师范学院和中国教育电视台(台标为"CETV")。中国电视师范学院的任务是运用卫星电视手段,培训中小学教师,招收具有高中文化程度而没有达到师专毕业的初中教师和具有初中文化程度而没有达到中师毕业的小学教师,通过系统进修规定课程,分别取得师专和中师毕业学历,胜任所担任的教学工作。电视师范学院学员修完规定课程,经考试成绩及格,德育考查合格者,由承办单位颁发毕业证书,国家承认其学历。进修单科课程的学员,参加单科结业考试,成绩及格者,由学校发结业证书。自学收看的学员,可由自学考试办公室组织考试,考试成绩全部合格,颁发自学考试毕业证书。

为充分发挥电视教育作用,国家教委积极倡导卫星电视教育与其他教育形式相沟通,使卫星电视师范教育与全日制学校、业余学校、函授、自学考试等办学形式之间相互沟通。特别规定:①普通师范专科学校和教师进修院校,培训在职中小学教师,采用电视师范学院、师专和中师的教学计划、教学大纲和教材。凡是按规定经过成人教育的大、中专学校统一考试入学的学员,参加全日制学校、函授、业余学校、电视师范学院学习的,可以互相承认其相应科目的学习成绩;②凡自行收看卫星电视教育相应课程的在职中小学教师,自学考试按电视师范学院的教学计划、大纲和教材开考,经自学考试合格的可获得电视师专或中专的课程合格证书和学历;③参加上述两种形式考试取得与教师专业合格考试科目相应的单科成绩,在教师专业合格考试中予以承认。

5.参加各种业余进修和自学提高。高等师范院校、教师进修院校举办业余进修班、夜大学、业余学校,自学考试辅导班等,为中小学教师业余进修创造条件,为自学者提供辅导,国家对多种业余学习,凡经国家教育领导机关批准的夜大学及业余学校所进行的考试,按规定所发的毕业证书,或通过国家教委统一组织的自学考试,取得自学考试合格证书,均承认其相应的学历,并把多种形式的业余进修、自学提高与教师的评职、晋级及奖励相联系,促进教师文化业务水平的不断提高。

第六节　中国师范教育的改革与发展

一、进一步提高师范教育地位

《中国教育改革和发展纲要》指出:"振兴民族的希望在教育,振兴教育的希望在教师。"提高教育的地位,把教育放在现代化建设的优先发展的战略地位,必须提高教师的地位,对教师队伍建设优先采取措施,增加对师范教育的投入,提高师范院校的办学水平,加快实现师范院校办学条件标准化。同时提高师范生的公费标准,与提高教师待遇相配合,增强师范院校招生的吸引力,改善生源状况。为提高教师队伍的整体水平,促进教育事业发展的良性循环打好基础。近年来,在中共中央、国务院发布的重要文件中有两个"根本大计"的提法。一是"把教育摆在优先发展的战略地位,努力提高全民族的思想道德和科学文化水平,这是实现我国现代化的根本大计"。二是"建设一支具有良好政治业务素质、结构合理、相对稳定的教师队伍,是教育改革和发展的根本大计"。师范教育直接关系到"根本大计"的实施。提高师范教育地位乃大计所系,是高瞻远瞩实现社会主义现代化战备思想的体现,是对发展教育事业规律的深刻总结。

二、建立具有中国特点的师范教育体制

当代世界教育改革和发展中,加强师范教育,提高师资水平,是共同的趋势,但各国的师范教育体制很不一致。有的保持师范院校独立体系,以定向型师范教育制度培养师资;有的取消了师范院校的独立体系,

在文理学院、综合大学设置教育学院(系、科),以开放型师范教育制度培养师资;也有的国家采取中间型,两种师范教育制度并存。其利弊有待深入研究与历史的检验。

《中国教育改革和发展纲要》具体提出:"进一步加强师资培养培训工作。师范教育是培养中小学师资的工作母机,各级政府要努力增加投入,大力办好师范教育,鼓励优秀中学毕业生报考师范院校。进一步扩大师范院校定向招生的比例,建立师范毕业生服务期制度,保证毕业生到中小学任教。其他高等院校也要积极承担培养中小学和职业技术学校师资的任务"。这里所确定的是以独立设置的师范院校(包括中等师范学校)为主体,同时发挥其他高等院校在培养师资方面的积极作用,具有中国特点的师范教育制度,它是符合中国国情的。从本国实际出发,优先办好现有独立设置的师范院校,明确办学层次和专业上的分工,树立为基础教育服务的办学思想,坚持师范教育特点,是建立具有中国特点的师范教育体制中不动摇的思想。另外,坚持独立设置师范院校的体制,并不排斥其他院校承担培养师资的任务。《纲要》中明确要求,"其他高等院校也要积极承担培养中小学和职业技术学校师资的任务",这样开辟师资的多种来源,完全符合中国基础教育规模庞大,学校种类与课程设置复杂、师资力量不足的总体情况,有利于加速教师队伍建设。特别是在普及教育的过程中,中学阶段要走普通教育与职业技术教育相结合的道路,发展职业高中,农村初中后期设立职业技术班,开设适合当地经济发展需要的职业技术课,需要多方面的专业课教师,仅靠普通师范院校培养师资,难以满足这方面的需要,专门设立的职业技术师范学院限于规模和条件,也无法在短期内培养出大批职业技术课教师,惟一可行的措施就是充分利用各种专业院校的条件,创办多种专业的师资培训班,培养符合教育改革与发展要求的职业技术课教师,这是师范教育体制改革中的重大发展。

三、深化师范教育改革,提高师范生的素质

《中国教育改革和发展纲要》提出:"中小学要由'应试教育'转向全

面提高国民素质的轨道,面向全体学生,全面提高学生的思想道德、文化科学、劳动技能和身体心理素质,促进学生生动活泼地发展,办出各自的特色"。这种教育思想的转变要由教师去实现。要全面提高学生的素质,教师自身首先要有较高的思想道德、文化科学、劳动技能和身体心理素质。要培养素质教育的师资,师范院校首先要以素质教育思想为指导,深入进行师范教育改革。师范教育改革中核心问题是明确为基础教育服务的办学思想,按基础教育改革与发展的要求,培养高质量的师资,在正确办学思想指导下,全面提高师范生的素质。师范生的思想道德素质占首要地位,这是教师的使命和职业特点所决定的。

四、加强教育科学研究和教育学科教学

师范院校是造就培养人才的基地,又是教育科学研究中心,在传播教育理论、探索教育规律、发展教育科学方面负有特殊的责任。高等学校的科学研究包括许多方面,要充分发挥自己的优势开展研究,但对师范院校来说,研究的重点应是教育科学,这既是培养师资的教育任务所要求的,又是师范院校直接为基础教育服务所需要的。

与加强教育科学研究相适应,师范院校要加强教育学科教学。按当前的教学计划统计,教育学科在总学时中所占的比重,中等师范学校占11%左右,高等师范专科学校占7.4%,高等师范本科(师范学院、师范大学)占6%,开设学科仅有教育学、心理学、学科教学法,很少开教育学科类的选修课。教育见习、实习的时间中等师范为10周,高等师范为6至7周。师范院校这种教育学科门类少,课时不足,教育实践不够充分的状况与教育科学的发展是不相适应的。随着教育科学的发展,师范院校对教育科学研究的加强,教育学科课程要扩充门类、增加课时,加强教育理论学习和教育教学能力的培养。这是符合师范教育整体发展趋势的。

五、大力发展教师职后继续教育

终身教育思想已经成为时代的教育思潮,被各国普遍接受。在人们走上一定的职业岗位之后,还要不断地接受再教育,进行再学习,以使其

思想、知识、技能得到更新和发展,适应时代迅速发展的需要,这已成为现代人的共识。如果说各种职业工作人员都需要有职后的继续教育,那么专门从事教育工作的教师就更加特别需要这种继续教育,因为他们是传播思想、传递知识、开发智力的人,他们的思想与知识如果停滞不前,得不到更新与发展,就无法培养出新时代的人才。可见,大力加强教师职后继续教育必然是新时代师范教育的重要特点。1986年,国家教委发表《关于加强在职中小学教师培训工作的意见》,要求落实教师培训任务,开辟多种渠道,改善培训条件,提高培训质量。接着多次发出文件和通知,对中学教师进修高等师范本、专科课程,小学教师进修中等师范课程,作出明确规定。整顿和加强了教师进修机构,对教育学院招生问题发出指示,强调教育学院的任务是大力加强在职教师培训。近年来,特别发展了教师函授教育,建立了电视师范学院,开辟了自学考试渠道,经过多方努力,全国中小学教师学历合格者的比例显著上升。在此基础上,国家教委召开了"全国中小学教师继续教育座谈会",提出:将中小学教师培训工作的重点有步骤地转移到开展继续教育上来,大力开展中小学教师继续教育是中国教师培训工作发展的必然趋势,是师资队伍建设的重要步骤,是关系到提高中小学教育质量,提高整个民族素质的紧迫任务。《中华人民共和国教师法》规定:教师享有参加进修或者其他方式培训的权利;应当履行不断提高思想政治觉悟和教育教学业务水平的义务,并规定:"各级人民政府教育行政部门、学校主管部门和学校应当制定教师培训规划,对教师进行多种形式的思想政治、业务培训。"这是对加强教师继续教育的法律保障。在深入贯彻《义务教育法》、《教师法》的过程中,必将推进教师继续教育的迅速发展,使其在提高师资水平中发挥更大的作用。

第九章　现代教师发展的课题

《中国教育改革和发展纲要》指出："振兴民族的希望在教育,振兴教育的希望在教师。"培养具有现代素质的人,必须以改革和发展教师教育,培养具有现代素质的教师为其前提和基础。故此,教师教育也构成当今世界教育改革的重要组成部分。

对于现代教师教育的开展来说,除了要明确现代教师观和教师教育目标之外,还必须注意的一件事就是要研究教师的发展。教师发展与教师教育是表里一体的关系:一方面,教师教育是促进教师发展的重要途径与手段;另一方面,正如青少年的身心发展规律是我们对青少年进行教育时的依据和前提一样,教师的发展规律也是我们进行教师教育的准绳。因此,研究教师发展可以为教师教育提供依据,可以使教师教育更加有的放矢,从而也更能有效地促进教师的成长与发展。教师发展研究目前不仅在欧美等西方国家已成为一个生机勃勃的研究领域,并已波及影响到日本、我国港台等东方国家和地区,而且在教育实践方面,美、英等国家的教育政策中,也已采纳了"教师发展"这一概念,并因此重视教师的生涯规划。然而,反观国内,"教师发展"还属陌生的概念,以此为主题的研究并不多见。而各国的教育经验都已说明,教育的发展必然首先得益于教师的发展。因此,关注教师发展历程与规律,在我国也可说是一个迫切的课题。故此,透过对国际教师发展研究的鸟瞰,发现教师成长与发展的线索,也是我们在此为自己确立的一个基本任务。

第一节　现代教师观与现代教师教育: 以反思型教师与教师教育运动为中心

20 世纪 80 年代以来,关于反思(reflection)的讨论响彻北美大陆的教师教育界,并以越来越近、越来越隆的声音激荡在国际教师教育者和教育研究者们的耳边。翻开教师教育文献,诸如"反思型实践"(reflective practice)、"反思型教学"(reflective teaching)、"反思型教师"(reflective teacher)、"反思型实践者"(reflective practitioner)、"教师即研究者"(teacher as researcher)、"研究为本"(research-based)或"探究取向"(inquiry-oriented)的教师教育这样的叙词或口号铺天盖地而来。"反思型实践"等口号似乎已被国际社会特别是以美国、加拿大、英国、澳大利亚等国为首的西方国家的教师教育工作者和教育研究者们所广泛接纳,"反思型实践"也已似乎成为衡量优秀教师的当代标准。由此,一幅壮观的景象就呈现在我们的面前:一方面是拥有各种各样思想背景和理论取向的教师教育者们聚集在反思型实践这杆大旗下,尝试以某种方式培养对教学工作能够缜密思考并善于分析的教师;另一方面是一些教育研究者们试图描述、求证教师反思和相关行动的过程以及这些过程与教师发展之间的关系,另有一些研究者们则集中研究影响教师反思的社会和个体条件①。

尽管在教师教育工作者和教育研究者们围绕反思型教师与教师教育所开展的这些活动中,对于反思型实践是否是一个与众不同的理论取向以及是否一定是一个应该予以促进的好事,尚存在着一大堆纠缠不清的混乱②,但是透过这些活动、透过这场在教学和教师教育领域中以反思型实践为大旗而兴起的国际性运动,我们却可以洞悉国际教师教育中存在的问题及其理论与实践的走向。

一、反思型教师与教师教育运动兴起的背景

尽管反思型教师与教师教育作为一种国际性运动兴起于 80 年代,但是,大多数从事反思型教师与教师教育研究的教育者们都承认他们的思

---

① Carlgren,I.,Handal,G.and Vaage,S.(Eds.)Teachers' Minds and Actions:Research on Teachers' Thinking and Practice,London:The Falmer Press,1994,P.9;Watson,K.,Modgil,C.and Modgil,S.(Eds.)Teachers,Teacher Education and Training.London:Cassell,1997,P.169.

② Carlgren,I.,Handal,G.and Vaage,S.(Eds.)Teachers' Minds and Actions:Research on Teachers' Thinking and Practice,P.9.

想渊源于杜威。

杜威早在其1933年出版的著作《我们如何思维》中就对反思型思维作过论述。杜威把反思型思维界定为"对任何信念或假定形式的知识，根据其支持理由和倾向得出的进一步结论，进行的积极主动的、坚持不懈的和细致缜密的思考"[1]，并将反思型思维与那种毫无系统，缺乏证据，建基于错误信念和假定之上，或盲目顺从于传统和权威的思维习惯做了比照。在杜威看来，序列（sequence）与后果（consequence）这两个术语是反思型思维的核心。思想只有在逻辑上是有序的并且包含对决策后果的考虑才能称得上是反思性的。反思型思想既回顾假定与信念以确定它们是建立在逻辑和（或）证据上，也展望某一特定行动进程的意义或后果。它拒绝以表面价值接受任何事物，探讨"感觉的证据"和事物似乎存在的方式[2]。反思型思维者对呈现在他们面前的任何思想观念都持批判的态度。他们权衡各种对立的主张以寻求证据，以有助于他们解决疑问与困惑。基于这样的认识，杜威提出了著名的反思型思维五步说。这五步是："（1）感觉到的困难；（2）困难的所在和界定；（3）对不同解决办法的设想；（4）运用推理对设想的意义所作的发挥；（5）进一步的观察和试验，它引导到肯定或否定，即得出可信还是不可信的结论。"[3]杜威的学生胡适把杜威的五步说进一步概括为：细心搜求事实，大胆提出假设，再细心求证。

那么，为什么反思型思维在教学中也是必要的呢？用杜威的话来说，原因就是"它把我们从单纯的冲动和日常活动中解放出来……使我们能够以预见指导我们的活动，能够按照预定的目标或我们意识到的目的来进行计划，能够以深思熟虑和带着目的的方式开展行动……当我们行动时能够知道我们在做些什么。它把那种单纯的食欲性、盲目性和冲动性行为转变为理智行为"[4]。在杜威看来，教育的一个根本目的就在于

---

① Dewey,J.How We Think,Chicago:Henry Regnery,1993,P.9.

② Dewey,J.How We Think,P.76.

③ 同上，第72页。

④ 同上，第17页。

帮助人们获得反思习惯，以便他们能够从事理智行动。他认为，教育就"存在于形成清醒敏锐的、谨慎细致的和周到缜密的思维习惯之中"①；教育不只是一种信息传递，这种信息如果不被理解或使用则实际上就是一种负担。那么，对教师来说，要提供能够培养反思型思维习惯的教育，其本身就必须是反思型探究者，而教师教育计划就应该帮助他们培养并意识到这些思维习惯。这就是杜威留给人们的谆谆告诫。

那么，思想渊源于杜威的反思型教师与教师教育运动为什么能够在80年代兴起于北美大陆并迅速扩展到世界呢？原因很多，其中以下几点不容忽视。

1.教育改革呼唤着反思型教师与教师教育

80年代以来的岁月是不平凡的。其不平凡性就在于它是一个世界教育大改革的时代。之所以称之为"大"改革时代，是因为世界主要国家的教育改革都面临着调整。60年代"教育大爆炸"后扩大化的教育结构，以及设计适应日新月异的未来社会的教育蓝图这一双重任务，是一场名副其实的承前启后、继往开来的教育改革。反思型教师与教师教育运动正是适应这场教育改革的需要而兴起的。首先，日益频繁、日益广泛、日渐深刻的教育改革，使得广大教师不得不经常面对一些新的教育思想、教育课程、教育手段与方法。这些"新事物"既要求教师知识结构上的不断更新，也要求教师情感和意志上的不断调适，而且，改革往往需要教师对这些"新生事物"做出评价与讨论。用《教育——财富蕴藏其中》的话来说，这就意味着广大教师"从此不得不接受这样的事实，即他们的入门培训对他们的余生来说是不够用的：他们必须在整个生存期间更新和改进自己的知识和技术"②。这也就是说，教师学会教学的过程应该是贯穿教师整个职业生涯的。为了使教师更好地适应教育改革的需要，教师教育者们必须帮助未来的教师们在职前阶段形成并保持终身学习、研究教

---

① Dewey,J.How We Think,P.78.

② 联合国教科文组织"国际21世纪教育委员会"：《教育——财富蕴藏其中》，教育科学出版社，1996年版，第142—143页。

学的意愿,掌握反思、研究教学的能力,以及形成对他们自己的专业发展负起责任的使命感①。其次,世界教育改革的大量实践以雄辩的事实与根据证明了:教师是教育改革成败的关键,那种把教师只是作为别人思想的被动实施者的自上而下式教育改革,是注定要失败的;教师应该在确定其教育工作的目的方面发挥更积极主动的作用,教育改革必须置于教师掌握之中。有鉴于此,许多国家的教育政策发生了变化,从而使教师教学、课程等方面拥有了更多的自主权和责任。这些自主权与责任既为反思型教师与教师教育运动的兴起提供了现实基础,也使得反思型教师与教师教育显得尤为必要。

2.教师(或教学)专业化运动推动着反思型教师运动的产生

教师专业化问题长期以来并且依然是处于教师研究及教师教育研究核心的大课题,尤其是与教师教育模式表里一体的课题。一般教育工作者多视教学工作为一专业(teaching as a profession),而一般教师教育机构和教师组织亦多认定其工作目标之一是:确立教师的专业特性(professionalism),推动教师的专业化(professionalization),以促使教学工作成为一个专业②。但是,说到"专业化"时,到底是"专业特性"的高度化,还是"专业性"(professionality)的高度化,无论是研究者,还是实践者,经常予以混淆。专业特性与专业性的区别在于:前者主要着眼于教学工作在多大程度上获得了作为专业性职业的地位这一点,而后者主要关心教师在对学生展开教育行为时运用了多大程度的专业知识和技术这一问题;前者关心教师的职业"地位",后者关照教师的"任务"、"角色"或"实践"。二者的共同之处在于都强调教师的自律性。因此,讨论教师专业化问题,应该从"专业特性"和"专业性"两个侧面来予以把握。但是,从

---

① Carlgren,I.,Handal,G.and Vaage,S.(Eds.)Teachers' Minds and Actions:Research on Teachers' Thinking and Practice,P.11;Valli,L.Listening to Other Voices:A Description of Teacher Reflection in the United States,Peabody Journal of Education.1997,P.72.

② 曾荣光:《教学专业与教师专业化:一个社会学的解释》,《香港中文大学教育学报》,1984 年第 1 期。

世界教师专业化运动的发展来看,却经历了两个不同的阶段:第一阶段从 20 世纪 60 年代到 70 年代,主要把教师职业与其他职业相比较,关注教师作为专业性职业的地位及其提高的问题;第二阶段从 80 年代开始,主要在以教师的角色或实践为视点的同时,关注"教师发展"或"教师的专业发展"问题,将教师的"专业知识"和"专业实践"结合起来,重新审视教师的"专业性"问题。也就是说,从 60 年代到 80 年代,教师专业化运动的重点已逐渐由教师的地位论向教师的角色论、实践论转移[①]。这一转移并不意味着提高教师地位问题并不重要,而是希望通过提高教师的专业性来达到提高教师地位的目的。其中蕴涵这样的认识:教师职业不被人们看作专业的其中很重要的原因就是,教师的培养只集中在狭隘的教学行为上,而不是放在如何缜密地、反思地思考他们在做些什么上。许多人认为,如果教师培养更严格,如果教师在他们的学科领域更富专长,如果他们必须获得更高的学位,或者必须展示对课堂事件进行深思熟虑和反思型决策的能力的话,那么,教师的专业特性就一定会提高。也就是说,反思型教师与教师教育运动也是应教师专业化运动发展的要求,在教师专业化运动的推动下兴起并蓬勃发展起来的。

3.认知心理学的勃兴和教师思维研究运动的兴起与发展为反思型教师与教师教育运动提供了心理学背景

在 60 年代末之前,西方教学研究主要立足于行为主义立场,根据行为的后果来描述教学,然后考察这一行为与儿童学习的关系。随着时间的推移和理论与实践的积累,人们越来越对这种行为主义研究的狭隘性产生不满。因为,他们发现,以行为技能为准绳来界定教学能力和把某一特定形式的课堂行为与学习结果相联系的努力使得许多教学技能、技巧未被考虑进去。这类研究似乎使得该领域进展甚微,并且经常提出一些相互矛盾,不言自明的和微不足道的结论。进入 70 年代以后,认知心理学逐渐取代行为主义心理学的主导地位。认知心理学基于每个人都能够以各自独特

---

① 今津孝次郎著:《变动社会的教师教育》,名古屋大学出版会,1996 年版,第 42~45 页。

的方式建构并适应自己的现实这一观点和立场，注重对知识、思维和行为的交互作用的研究。随着认知心理学的勃兴，教学研究也越来越多地关注教师如何理解他们的工作以及其工作所牵涉的思维过程、判断和决定。也就是说，教学研究越来越多地关心教师的思维与行动的复杂关系①。教师思维研究运动随之勃然兴起、壮大，并于 1985 年成立了国际教师思维研究协会（ISATT，The International Study Association on Teacher Thinking）。以认知心理学为思想背景的教师思维研究运动的重大贡献就是，它把人们的注意力由教师在课堂的所作所为转向了教师的思维方式上。也就是说，教师如何理解课堂活动和他们所教的学生以及这些理解和认识如何影响他们所做的日常决定迅速成为教学研究的焦点。这一切无疑为反思型教师与教师教育运动奠定了良好的心理学基础，实际上，反思型教师与教师教育正是以认知心理学为其心理学根基的。

4.行动研究为反思型教师与教师教育运动做了很好的前期方法论准备和实践探索工作

行动研究作为一个术语产生于 20 世纪 30 年代的美国。进入 50 年代，行动研究的思想被引入到教育领域，并在美国风行一时。到 70 年代以后，行动研究进入了一个新的发展阶段，已经成为一场声势浩大的国际性运动。所谓行动研究，实际上是一种进行研究工作的方式，而非一种具体的研究方法，它强调由实践者在实际的情境中进行研究，并将研究结果在同一个情境中进行应用。在目的上，"行动研究意在帮助实践者省察其自己的教育理论与其自己的日常教育实践之间的联系；意在将研究行为整合进教育背景，以使研究能够在改进实践中起到直接而迅捷的作用；并且力图通过帮助实践者成为研究者，克服研究者与实践者之间的距离"②。行动研究运动的贡献在于，它使越来越多的教育工作者接

---

① Berliner,D.C.& Calfee,R.C.(Eds.)Handbook of Educational Psychology.New York：Simon & Macmillan,1996,P.709－710.

② Husen,T.& Postlethwaite,T.V.(Eds.)The International Encyclopedia of Education(2nd Eds.),1994,P.42.

受了哈贝马斯的观点:科学概括出来的知识,并不能直接驱使社会实践,还必须有一个"启蒙过程",以使特定情境中的实践者能够对自己的情境有真正的理解,并做出明智而谨慎的决定[①]。它使人们感受到每个教育、教学情境的丰富性和独特性,意识到实证主义的普遍化理论对教育实践的指导的不可靠性、不充分性。行动研究由于其本身包含了哈贝马斯所说的"启蒙过程",因此与反思型教师和教师教育具有内在的关联性,其最根本的关联就在于它使得教学中的反思走向系统化[②]。在很大程度上可以说,行动研究运动实际上为反思型教师与教师教育运动做好了前期方法论上的准备和实践探索工作。

二、反思型教师观与反思型教师教育的目标

80年代以来发轫于北美大陆的反思型教师与教师教育运动,可以看做是对技术型教师观(teachers as technician)和胜任为本的教师教育模式(competence-based teacher education)的一种反动。

现代社会特别是西方现代社会的发展,在一定意义上讲,就是一种理性化的过程。而在这种主要是由启蒙运动引发的社会理性化的过程中,我们所看到的是无处不在的技术理性控制着人类的活动,技术理性主义成为社会的主导意识形态。这种意识形态的核心是"工具理性",即韦伯的"手段——目的合理性"。它倾向于把目的看做是给定的,处于理性审查范围之外;仅仅根据手段在达到目的方面的效率来评判理性,即把理性完全看做是悟求达成某种预定目的的最有效手段的过程。从而,一切社会问题的解决与行动,都以效率等工具理性为标准。

毋庸讳言,启蒙运动以后二百多年科学技术及技术理性的发展,把人类带进了一个极丰裕、极舒适的物质世界。启蒙运动所要建构的"现代事业"(the project of modernity)也似乎实现了。然而,自20世纪

---

① 施良方、崔允漷主编:《教学理论:课堂教学的原理、策略与研究》,华东师范大学出版社,1999年版,第382页。

② Parker,S.Reflective Teaching in the Postmodern World.Buckingham:Open University Press,1997,P.32—33.

50～60年代开始，一直享受着高度物质生活的现代人，慢慢发觉"现代事业"并非如最初想象般完美。从现实的发展历程来衡量，人们反而有理由相信，科技及技术理性的发展虽然给人类带来了物质生活上的高度享受，但却同时建造了一个"铁笼"(iron cage)把人困于其中①。同样，教育领域中的技术化给教育、教学带来了前所未有的革命，而且对技术的强调应该仍然是教育现代化的重要内容。但是，当技术理性成为教育界的主导思想甚至是惟一指导思想时，当教育被看成是一种近乎纯"技术"的事情时，就给教育带来了很多问题。

与这种技术理性主义教师观相匹配的教师教育模式就是胜任为本的教师教育。在这种教师教育模式中，未来的教师们被告之课堂管理和教学的策略并要求忠实践行，但并不被要求去解释为什么要以这种方式而不是以那种方式行动。他们被告之运用既定的知识，模仿受欢迎的教学行为方式，施行具体的、可观测的教学行为，掌握完成基本教学任务的能力。换言之，这种技术型培养方式强调对教师行为和技能的训练，但轻视对这些行为的思考；倾向于让教师照本宣科和遵循教学常规，而不容许他们慎重思考有关教学信念与假定，学生思维以及教学行动的后果与替代方案等问题②。胜任为本的教师教育体现了杜威曾在其《教育中理论与实践的关系》(1904/1964)一文中予以批驳的许多特征。杜威认为，严格的技术训练型教师培养的问题在于，它把目标仅局限在完成某一特定形式工作所需的技能、技巧和工具上。在杜威看来，这种技术型或胜任型培训形式把未来教师的注意力固定在错误的方向上，即定在教学方法的外显形式上，而不是学生的思维过程上。他们学会的是如何管理课堂，但不会了解学生是如何思考的或如何确定他们是否在帮助学生思维。他们可以模仿教学实践，但不能解释这些教学实践背后的原理或理念。因为他们所学的只是教学的方法（"how"s of teaching），而不是教

---

① 杨善华主编：《当代西方社会学理论》，北京大学出版社，1999年版，第175－176页。

② Valli, L. Listening to Other Voices: A Description of Teacher Reflection in the United States, Peabody Journal of Education, 1997, P.69.

学的原理("why"s of teaching)，他们将会沉溺于盲目的实验、武断的决定或生搬硬套、墨守成规的习惯中①。

针对技术型教师观和胜任为本的教师教育的弊端，反思型教师与教师教育运动的旗手们为我们展示了不同的教师观和教师教育模式。在他们看来，反思型教师与技术型教师的不同之处在于，反思型教师将注意力转向了教育的目的、教育行为的社会与个人后果、教育的伦理背景以及教育方法和课程的原理基础等更宽广的教育问题上；转向了所有这一切与其课堂实践的最直接现实之间的密切关系上。他有能力对他的教学行为及其背景进行思考，能够使用来自各种不同渠道的信息连接理论与实践，从多重角度分析问题，运用新的证据重估决定；他能够根据艺匠型、研究型和伦理知识回顾所发生的事件，对它们进行评判，并为实现预期的目标改变其教学行为与环境②。

与反思型教师观相应的教师教育模式就是反思型教师教育，又称研究为本或探究型教师教育。据卡尔德希德（Calderhead）和盖茨（Gates）考察，建立在反思型实践概念基础上的教师教育计划经常追求以下的一个或几个目标：①使教师能够分析、讨论、评估和改变他们自己的实践，对教学持分析的态度；②促进教师重视其工作的社会与政治环境，帮助他们认识到教学是社会与政治情境性事业，教师的任务涉及对这些环境的重视与分析；③使教师能够评价课堂实践中内含的道德与伦理问题，包括对他们自己关于出色教学的信念的批判性考察；④鼓励教师对其自己的专业成长承担起更大的责任，鼓励其获得一定程度的专业自主权；⑤促进教师发展他们自己关于教育实践的理论，理解并发展他们自己课堂教学工作的原理性基础；⑥授权教师，以便他们能够更好地影响教育

① Dewey,J.The Relation of Theory to Practice in Education,Achambault,R.(Eds.),John Dewey on Education:Selected Readings.Chicago:University of Chicago Press,1964.

② Parker,S.Reflective Teaching in the Postmodern World,P.30－31；Valli,L.Listening to Other Voices:A Description of Teacher Reflection in the United States,Peabody Journal of Education,1997,P.70.

的未来方向和在教育决策中发挥更积极主动的作用①。也就是说,反思型教师教育聚焦在教师如何成功地思维上。按照这种模式,教师培养应该助长其观察、分析、解释和决策等反思能力;培养反思型教师的知识基础包括个人知识、熟练实践者的艺匠知识和来自于课堂研究和社会与行为科学的假定型知识。在这种架构中,研究与理论并不是要为课堂应用提供规则和指令,而是旨在提供能够在思考教学问题与实践中有用的探究性知识与方法。同样,虽然教学技能也被看做是教师教育的重要组成部分,但被置于能够使教师决定何时使用不同的技能的理论架构之中,也就是说,教学技能与反思型判断的培育同时进行。此外,教学能力不仅除了课堂行为之外,还包括探究技能。该架构中的评价以探究过程而不是以标准的行为样式为中心,强调描述与反馈而不是终结性评判②。

三、反思型教师教育的内容

反思型教师教育的内容取决于教师教育研究者和实践者们对反思或反思型实践的理解。反思型教师教育者和研究者们由于着眼点和研究角度的差异,他们对反思或反思型实践的看法与论述也不尽相同。随着反思型实践被越来越多地作为教育改革的口号,人们已开始就教师教育者实施和(或)研究的反思型教师教育的努力中表现出的异同作澄清的尝试。以下就是其中几个具有代表性的尝试③。

第一,肖恩(Schön)、麦伦(V.Manen)和里切特(Richert)从反思的时间维度,提请人们注意行动前反思(reflec tion before action)、行动中反思(reflection in action)和行动后反思(reflection on action)三者之间的区别,并指出人们进行反思的目的不仅是为了回顾过去或意识到认知过

---

① Calderhead, J. & Gates, P. Conceptualizing Reflection in Teacher Development, The Falmer Press, 1993, P.2.

② Houston, W.R., Haberman, M. & Sikula, J. (Eds.) Handbook of Research on Teacher Education. New York: Macmillan Publishing Company, 1990, P.8.

③ Carlgren, I., Handal, G. and Vaage, S. (Eds.) Teachers' Minds and Actions: Research on Teachers' Thinking and Practice, P.11—12.

程,更重要的是为了指导未来的行动。

第二,基于反思过程的涉入因素,有人将反思划分为两类:一是作为一种不带感情色彩的理性和逻辑过程的反思;一是作为浸透着关怀和激情伦理的过程的反思。格林(M.Greene)和诺丁思(N.Noddings)就是对长期以来主导教师教育文献的不带感情色彩的理性提出挑战的最有代表性的人物。他们的批评远远超出了肖恩对技术理性的批判,因为他们所指出的问题,即行动中缺乏关怀、热情和激情的问题,也可能是肖恩所提出的作为反思型实践理论建构的新模式的实践认识论的一个问题。

第三,按照教师反思的水平,基于哈贝马斯(J.Habermas)关于知识分类的观点,有人对反思进行划分。在北美大陆和澳大利亚,持此分类方法最著名的当属卡尔和凯米斯(W.Carr and S.Kemmis)和麦伦(V.Manen)。哈贝马斯认为知识可以划分为三类:一是技术性知识(technical knowledge),即现行资本主义国家课程中的核心知识,围绕生产、效率、科学技术进行知识组织与课程编制,服务个人、社会、国家之竞争的目标;二是实践性知识(practical knowledge),意在帮助个体使之形成世界生活的日常行为,一般通过历史发展的描述、分析、社会状况的考察获得,帮助个体获得社会事件隐藏的真谛;三是解放性知识(emancipatory knowledge),它帮助我们理解社会关系如何形成,如何由权力关系制约,它意在创造社会公正、平等与权力的基础。由此卡尔和凯米斯等人将反思划分为三个层次:一是技术性反思(technical reflection),在这一层次里反思的问题在于有效实现既定目标,主要对课堂情境中各种技能与技术的有效性进行反思;二是实践性反思(practical reflection),在这一层次里反思的问题包括假说、倾向、价值观以及由行为组成的结果。这也就是说,教师开始把教育的理论标准运用于教育实践,以便作出关于教学内容等方面的独立决策;三是批判性反思(critical reflection),在这一层次里反思的问题包括伦理的、社会的和政治的问题,关键是组织与社会可能压抑个人行动自由或限制他们行为的权力。这其中也包括一些直接的或间接的与课堂教学有关的规范性标准。

挪威的汉戴尔和劳瓦斯(Handal and Lauvas)对反思层次的划分与凯米斯等的划分有些相似,并在欧洲极为流行。他们将反思划分为:行动层次上的反思(reflection at the level of action);行动的实践和理论原因层次上的反思(reflection at the level of practical and theoretical reasons for action)及行动的伦理判断层次上的反思(reflection at the level of ethical justification for action)。

以上只是大致描述了反思型教师教育者们对反思的划分及研究侧重点。由于篇幅所限,本文将主要基于瓦利(L.Valli)对于反思型实践与教师教育的总结,对反思型教师教育内容详加陈述①。瓦利在对教师教育文献和强调反思的教师教育计划的考察与分析基础上,认为至少有五种类型的反思,并相信这些类型均可以纳入教师教育计划。这五种类型是:技术性反思(technical reflection);行动中和行动后反思(reflection in and on action);缜密性反思(deliberative reflection);个人性反思(personalistic reflection);批判性反思(critical reflection)。

(一)技术性反思

前面已经提到过,卡尔等人认为在技术性反思里,反思的问题在于有效实现既定目标,主要反思的是课堂情境中各种技能与技术的有效性。这说明,侧重于技术性反思的教师教育计划,对未来教师(prospective teacher)们反思能力的培养局限在狭窄的教学技能、技巧范围之内,只要求未来教师们对这些内容进行反思即可,并不要求他们对一些更加宽泛的,诸如教学的社会背景和环境、社会的公平与公正等问题进行反思。在技术性反思里,未来教师和在职教师们进行反思的目的是为了更好地完成预先设定的教学目的,他们为此要反思那些有助于他们完成这些目标的知识和技能、技巧,除此之外,他们并不过多地关注目标本身。在评判标准上,外部权威如专家、研究者和政府评定人员所建

---

① Valli,L.Listening to Other Voices:A Description of Teacher Reflection in the United States,Peabody Journal of Education,1997,P.74—79.

立和制定的规范、指导原则等被认为是至关重要的。未来教师和在职教师们要学会如何使他们的教学符合那些标准,如何应用那些评定手段去判断他们所进行的教学是否是好的、成功的教学。侧重于技术性反思的教师教育计划所培养出的未来教师和在职教师具有很高的教学技能与技巧,他们能够按指令行事,他们在教学上所采取的每一步骤都似乎是恰如其分、无懈可击的。他们知道怎样把知识传授给学生,何时要更正学生的回答,何时重新传授学生不理解、容易出错的教学内容。他们就像学徒的屠夫一样,通过模仿师傅学到"怎样下刀"、"怎样分割",然后再通过亲身实践而使学到的技能、技巧得到进一步的提高。未来教师和在职教师们无需知道教学的"为什么",只需知道"怎样去做"即可。

未来教师和在职教师们通过技术性反思能力的培养可以具有较高教学上的技能与技巧。但瓦利同时也指出,虽然这些都是教师应该具备的素质,但并不是教师的全部职责所在。他们如果过分关注这些,必将忽略对其他内容的反思。另外,如果他们只看重外部的评价标准,势必使他们自己陷入生搬硬套之中。然而,令人遗憾的是,尽管技术性反思有着上述一些缺点,但是目前它在教师教育培养计划中仍然占据举足轻重的地位,而且目前未来教师和在职教师们的反思大多局限于技术性反思。

(二)行动中和行动后反思

行动中和行动后反思这两个术语最先由肖恩提出。行动中反思是指教师们在教学过程当中所作出的自发的、直觉的决定。行动后反思是指一件事完结之后对此所作出的反思,如一位善于回顾思考的教师在上完一节课之后进行的反思就是行动后反思。另外,行动后反思也包括对行动中反思的反思。教师们的教学过程是充满着不确定、不稳定及复杂性的,他们的每一次教学都有着与以往或其他教师的教学不同的独特性。教师们不可能总是套用先前所学到的理论知识解决当前存在于他们教学中的问题。他们在教学实践中要想作出明智的决策,必须首先立足于他们自身的实践。他们要对他们本身特有的情况与问题进行反思,如他们自身的价值观、信念、课堂情况及学生状况等。只有这样他们才能在教学行动中作出正确的决策,解决所存在的问题,从而为进一步的行动打下好的基础。这就是行动中和行动后反思的宗旨所在。换言之,行动中和行动后反思所看重的是教师们本身所独有的情况,教师们所要研究和反思的也正是这些。在作出某项决策时,教师们的意见同外部研究人员的意见相比,被认为更具有权威性,更值得采纳。

同侧重于技术性反思的教师教育计划相比,侧重于行动中和行动后反思的教师教育计划,没有提供给未来教师和在职教师们可供遵循的明确原则,该计划只是建议、要求教师们以日记的形式记录下他们所亲历的事情,这不仅有助于他们回顾发生在他们教学中的所有事情,而且也有助于他们事后就此进行反思。教师们对自身或他人独有的实践情况反思的越多,他们在行动当中就越能作出更好的决策。行动中和行动后反思同技术性反思相比,虽然把教学背景的因素考虑进去了,但是对于诸如学校目标、目的等问题仍未触及。

(三)缜密性反思

同技术性反思和行动中、行动后反思相比,缜密性反思的内容比前两者宽泛。缜密性反思要求未来教师和在职教师们反思、关注教学整个领域的事情,这包括学生、课程、教学策略及课堂的组织与原则等。进一步说,教师们不仅要反思他们自己的教学行为、他们与学生的关系、他们所教授的学科内容,而且还要反思学校的组织,社会准则及伦理等方面的问题。在教师作出某项决策之前,他们要权衡多方面的意见、信息,从而确保决策建立在研究、经验、其他教师的意见、个人信仰和价值观等基础之上。侧重于缜密性反思的教师教育计划就是要培养未来教师和在职教师们对不相一致的观点、意见、多样化的信息进行权衡、评判以及对某项决策作出解释的能力,从而促使教师成为成功的决策者。

缜密性反思没有把反思的内容局限于教学的某一方面,它所反思的内容涵盖广泛,几乎是无所不包。但是缜密性反思也有着一些不足。虽然侧重于缜密性反思的教师教育计划鼓励和培养未来教师和在职教师们对各种不同来源、内容的信息、观念进行审议、探究,但是却很少提到怎样去使用那些信息;另外,当不同的学者、专家、教师提出不同的建议时,应该听从谁的意见;还有当研究结果与个人经验相冲突时,应该追寻哪一方;等等,这些都是存在于缜密性反思中,但没有得到很好解决的问题。

（四）个人性反思

个人性反思主要关注的是教师们个人成长和相关事情以及他们与学生们的关系。这就是说一方面教师们要按个人方式去反思他们的个人生活同职业生活的关系,反思他们自己的人生目标及作为一名教师如何才能有助于他们实现自己的人生理想;另一方面教师们对他们的学生也颇为关注。他们不只是关注学生的学业成绩,他们对学生生活的其他方面,如学生的个人追求、学生所关心的事情及学生对未来的期望等都很关注。侧重于个人性反思的教师教育计划要培养未来教师和在职教师们就他们自己的人生信仰、生活与工作态度以及个人喜好等进行反思的能力。他们要能够反思哪些事件促使他们成为教师,哪些经验有助于他们成为好的教师,哪些事情妨碍了他们的职业发展。这样做有助于未来教师和在职教师们了解他们自己教育经验的局限性,克服不良倾向对他们事业发展的影响。

同前面所述的三类反思相比,个人性反思同行动中和行动后反思有着某些相似之处。这两类反思都过度依赖于来自教师内部的评判标准。侧重于这两种反思的教师教育计划鼓励未来教师和在职教师们追循他们自己的直觉和内心呼声,缺乏对其他观点的借鉴,这使得教师们的视野具有一定的狭隘性。然而事实上不仅要鼓励教师们注重自己的意见,也要促使他们去吸取来自于其他方面的意见、看法。

（五）批判性反思

如前所述,批判性反思起源于诸如哈贝马斯那样的政治哲学家,并经由教育改革的社会重建主义传统发展而来。批判性反思深受批判理论影响,它给学校和学校所传授的知识都赋予了政治色彩。批判性反思所要关注的是教学实践和学校内部所蕴含的社会、政治意义,这其中含有对教学法和学校结构的道德和伦理意义的反思。侧重于批判性反思的教师教育计划就是要促使未来教师和在职教师们反思他们教学实践之外更宽泛的伦理、社会及政治问题。这其中包括对限制他们行动自由与影响他们行动效果的一些起决定作用的习俗与因素的反思;对学校教育中所呈现出的不公正.不公平的社会等级、种族、性别关系的反思;对促成这些不公平、不公正现象原因的反思,以及对清除这些现象途径的反思。具有批判性反思能力的教师们不仅能够了解、反思上述问题,而且他们在实际教学中还能够致力于解决这些问题,努力提高边缘人群的生活质量。因此,从某种意义上说,具有批判性反思能力的教师也是社会活动者和改革者。

四、反思型教师教育的方法

反思是优秀教学的重要组成部分,它对教师的成长有极大的促进作用。在反思型教师教育中,教师教育者们应用复合、多样的方法来帮助未来教师和在职教师们发展成为反思型教师。因他们的立场、观点不同,他们所采用的方法是形形色色,多种多样的,这其中包括:行动研究法(action research),分析性思维实践法(analytical thinking practice),对学生、教师、课堂及学校的个案研究法(case studies or case methodology of students, teachers, classrooms and schools),人种志研究法(ethnography research),辅导法(supervision),微格教学法(micro-teaching),反思日记法(reflective journals),及课堂活动与讨论法(classroom activities and discussions)等。这些方法都对促进未来教师和在职教师们反思型思维能力的发展、提高起着或多或少的作用。因篇幅所限,在这里不能穷尽对所有方法的介绍与研究,拟着重对行动研究法、个案研究法、辅导法、反思日记法及课堂活动与讨论法等五种方法作一介绍。

（一）行动研究法

行动研究,指未来教师和在职教师们在辅导教师或其他教师的帮助下,对他们在学校里所进行的教学实践、在课堂上所遇到的问题及周围环境进行系统的、深入的探究。换言之,教师们不仅要对课堂上正在发生的和已经做的事情进行反思,而且还要对教学实践之外的更加宽泛的社会、政治、经济、环境等问题进行研究。未来教师和在职教师们不单单把课堂和学校作为实践的对象,而且还把它们当作研究社会的实验室。这样可以有助于教师们审视社会历史背景下的学校、课程和教学法,了解学校和学校知识的社会本质,从而使他们更加熟练地掌握探究的技能,提高他们对于课堂和学校的同时期文化的理解及对这些教育背景同周围社会、经济、政治环境和历史发展关系之间的理解。通过行动研究的训练,未来教师和在职教师们不只可以学会如何应用先前已获得的知识与技能,而且还能学会从他们本身的实践研究里提升出一些理论性东西,然后再把这些应用到分析中去。这样,教师们不仅仅是教育知识的消费者,同时他们也成了教育知识的创造者和生产者。

行动研究以一种不同的方式对实践与变化进行思考。它突破了个人主义和孤立的障碍,为课程与教学实践的理解和提高提供了重要的经验与框架。通常它采取问题——解决策略。未来教师和在职教师们在他们想获得解释和重新解释的问题上得到帮助,他们会决定哪些种类的知识将有助于他们更好地理解他们的问题及如何收集整理所需知识。他们为改变状况,产生各种各样的假设,他们要对采取的行动作出决策,根据评价标准判断那些行动,并对行动与决策过程作出评价。行动研究可使未来教师和在职教师们在他们自身的教学中采取更加积极主动的态度,并且这也有助于在整个学校的教师中间形成一种调查研究的氛围,从而促进了教师向着反思型教师这一方向的发展。

(二)个案研究法

个案研究在法学院、医学院和商学院里具有悠久的应用历史。在教师教育中,它也是行之有效的方法之一。在教育中,个案是对具体的教学事件的详细描述。个案的长度与内容依目的而定。一些个案较短,只是对教学片断的简要描述;一些个案则较长,有着对教学及其发生环境多方面的论述,这包括详述事件是怎样发生的,事件的历史与背景及参与者的想法和感受等。个案一方面展示了教师工作的复杂性,一方面也是对特定环境的展示,即特定教师为特定教学目的教授特定学生以特定教学内容。个案不仅仅是故事,在特定个案里还包含有抽象的理论和原则。通过个案研究,未来教师和在职教师们能够主动学习,他们对理解重要的、有时是互不一致的理论观点要进行反思,这样他们是理解和应用理论,而不是被动地接受理论。教师们要为实际教学而作准备,这就要求他们要具有建立在日常教学生活基础(daily basis)上的分析问题和决策能力。他们必须学会理解和分析问题,寻求解决方法,要学会建立和评价行动计划。此外,他们必须学会如何适应不断变化的状况。个案往往提出问题,要求教师们去判断他们应采取何种行动,而这些行动则需由所提到过的或学过的教育理论来判断。个案研究有助于发展和培养教师们对不同观点和理论进行权衡的能力,也有助于他们从多重角度看待某一问题。

下面以索姆里·汤叟(Sumlee Thongthew)所提出的五步法为例,说明个案研究对发展教师反思型思维能力的作用。

步骤1:使教师们熟练有关概念;

步骤2:从所提供的个案中进行概念和结论的研究;

步骤3:使教师们寻求与概念和结论相关的问题,并把它们同他们的直接教学经验相联系;

步骤4:使教师们就先前阶段的问题和所提出的解决办法进行深思和讨论,然后运用从步骤1中获取的有关内容进行论证;

步骤5:鼓励教师们为个案寻求可能选择的结论。

从以上我们可以看出,所提供的个案被作为具有一定目的的媒介而使用,教师们对特定情境进行观察,从该情境中获取信息,然后将其同自身的经验相联系。这样就鼓励和促进了教师们分析性思维能力的发展,在真实的情境中解决问题的能力等反思型思维能力的发展。

（三）辅导法

辅导法是促进未来教师们进行反思,培养他们反思型能力的重要方法。它与"临床辅导"的主要模式在结构上和侧重于课堂教学的理性分析上有些类似。在西方,未来教师们要进行时间长短不等的教学实习(如在美国通常为一整学期,在其教师教育计划里,把教学实习也称为学生教学)。在这段时间里,未来教师们由大学教师同时也是他们的合作教师和他们实习所在学校里的教师共同来指导。这些辅导教师对未来教师们的课堂行为进行观察,详加记录。他们不仅要关注未来教师们的教学内容,而且还要对未来教师们的教学过程,教学信念和教学目的进行分析,同时他们还把未来教师们的教学过程拍成录像带。在辅导会议上,未来教师们在辅导教师的指导下观看这些录像带,对他们自己的教学进行回顾与评价。辅导教师不直接告诉未来教师们怎么做是正确的或是错误的或是应该做的。相反,他们要让未来教师们自己去分析、去思考、去提出问题,他们所能帮助未来教师们的就是,让未来教师们能成为独立的评价者和决策者。这样,未来教师们的反思能力就得到了进一步的发展和提高,他们也就向着反思型教师这一目标又迈进了一步。

（四）反思日记法

在未来教师们的培养计划中,写日记已成为一项重要内容。实践证明,它在促进未来教师们反思型能力的发展上起着重要作用,同时也是促进未来教师们反思型思维发展的一条重要途径。在教师教育计划中,未来教师们被要求依据辅导教师们所制定的一套指导原则去写日记,以记录下他们的学习过程和教学过程。同传统的学术论文相比,这些日记通常情况下不太正式。未来教师们在日记中会记录下他们的所思、所感、所知、所做,并对为什么要做某事的原因进行反思,从中得出结论。未来教师们把他们的日记同辅导教师及他们的同伴一起分享,这样一方面辅导教师可以从未来教师们的日记中了解到他们的价值观,他们思考教学的方式及他们作为教师的发展方式等，另一方面未来教师们也会从辅导教师与同伴那里获得反馈信息与帮助，从而对他们自身的所作所为有一个客观的评价。这些毫无疑问都有助于未来教师们进行教学理论探索和对校内外环境的关注与研究，从而也就促进了他们反思型能力的发展。

（五）课堂活动与讨论法

实践证明，课堂活动与讨论都是促进未来教师们反思型能力发展的有效方法。在课堂活动中，教师教育者们以提高未来教师们反思型能力为指导原则，帮助未来教师们开展这些活动。未来教师们时常按要求与他们的同学一起共同模拟课堂教学，然后再一起就他们自己课堂教学的优缺点进行探讨、思索。有时未来教师们组成小组，阅读和评论彼此的日记或学术论文，评价彼此有关教学、社会等各方面的观念，并对一些有争议之处进行检验、探究。在课堂讨论中，未来教师们并未直接获取可以应用到课堂教学中的教学手段或技巧，他们通过课堂讨论拓宽了他们在教学上的视野，促进了对他们自己教学进行反思，并在他们中间建立一种共同解决问题和进行探究的合作方式。

以上所介绍的只是在反思型教师教育中培养反思型教师所采用的众多方法中的几种，它们各具特色，侧重点各不相同，但它们所具有的一个共同之处就是，这些方法的宗旨都是为了培养、促进未来教师和在职教师们反思型能力与思维的发展，使他们能够成为反思型教师。在反思型教师培养中，应注意的是教师教育者和研究者们应根据每一位教师的独特背景，独有的价值观、期望值、教学法经验等情况，有针对性地采用不同的方法。此外，教师反思型能力的培养并不仅仅是某个教师个人的事，教育权威人士、学校校长、其他教师、管理人员及大学教授等，都应对教师们反思型能力的发展给予支持、合作。没有这种支持与合作，教师们很难在反思型思维能力上获得发展。一个支持性的外部环境对教师们反思型能力的培养与发展是非常重要的。

第二节 现代教师发展与现代教师教育：以国际教师发展研究为中心

教师发展研究是一种旨在通过对教师发展的理论与实践考察，揭示教师在历经职前、入职、在职以及离职的整个职业生涯发展过程中所呈现的阶段性特征和影响教师发展的各种内外部因素，从而明晰教师发展规律的一个研究领域。自 20 世纪 60 年代末美国学者傅乐（Fuller）以其编制的著名的《教师关注问卷》（teacher concerns questionaire）揭开了教师发展研究的序幕以来，教师发展研究已成为一个蓬勃的研究领域，俨然成为近年来欧美乃至世界各国教师教育界关注的新焦点。

一、教师发展阶段论考察

由对教师发展阶段的考察而形成的教师发展阶段论与对影响教师发展的因素分析而形成的教师发展影响因素论，构成了教师发展理论研究的两大主题。

在对教师发展进行理论研究的过程中，许多学者都对教师的发展历程作了阶段性考察与描述，并且基于不同的研究角度，形成了各种教师发展阶段论。

（一）傅乐的教师关注阶段论

有关教师发展阶段的研究大都植根于美国学者傅乐的研究。她与其助手在 60 年代末开展的早期研究为教师发展阶段研究奠定了基础。她以其编制的著名的《教师关注问卷》揭示了教师所关注问题的变化，并据此将教师的发展分为以下四个阶段：

1. 教学前关注（pre-teaching concerns）。此阶段是职前培养时期。教师们仍扮演学生角色，对教师角色仅凭想象。因为未曾经历教学，所以没有教学经验，因此只关注自己。不仅如此，对于任教的教师还抱有观察评判的态度。在观察初期，往往对教师不表同情，甚至还带有敌意。

2. 早期生存关注(early concern about survival)。此阶段是初次接触实际教学的实习阶段。在此阶段，教师所关注的是自己的生存问题，即能否在这个新环境中生存下来。所以此时教师们关注的是班级的经营管理，对教学内容的精通熟练，以及上级的视察评价，学生与同事的肯定、接纳等。在此阶段，教师们都表现出明显的焦虑与紧张，所以这一时期的压力是相当大的。

3. 教学情境关注(teaching situations concerns)。在此阶段，教师固然还要关心前一时期的种种问题，但是同时也会关注教学上的种种需要或限制以及挫折。因为此阶段会对教师的教学能力与技巧提出要求，所以教师较多地关注教学所需的知识、能力与技巧，以及尽其所能地将其所学运用于教学情境之中。总之，在此阶段，教师关注的是自己的教学表现，而仍不是学生的学习。

4. 关注学生(concerns about students)。虽然许多教师在实习教育阶段就能表达出对学生的学习、品德乃至情绪需求的关注，但是却并不能真正地适应或满足学生的需要，往往要等到自己能适应教学的角色压力和负荷之后，才能真正地关怀学生或者关注自己对学生的影响以及自己与学生的关系等等。

傅乐的研究揭示了教师发展过程中所关注的事物是依据关注自身、关注教学任务，最后才关注到学生的学习以及自身对学生的影响这样的变化规律而逐渐更迭的。傅乐的研究从一个侧面反映了教师发展过程中所呈现的规律，即在不同发展阶段，教师的关注点有所迁移与变化。这一研究成果得到了诸如澳大利亚、比利时、荷兰以及北美国家学者的认同。"尽管彼此研究的具体情境有所不同，但是这些国家的研究大都支持傅乐最初提出的观点"。[①]

傅乐所提出的教师关注阶段论，不仅为教师发展领域的研究开辟了

---

① Sikula,J.,Buttery,T.J.& Guyton,E.(Eds.),Handbook of Research on Teacher Education(2nd Ed.).New York:Macmillan,1996,P.670.

先河,而且也为后继者的研究奠定了基础。然而,傅乐的教师关注理论,其重点仍在教师的职前培育时期,因此虽然这套教师关注理论在师资培育方面具有重要的参考价值,但仍不足以窥视教师发展的全貌。

(二)卡茨的教师发展时期论(Katz)

美国学者卡茨根据自己与学前教师一起工作的经验,运用访问与调查问卷法,且特别针对学前教师的训练需求与专业发展目标,把教师的发展划分为以下四个阶段:

1. 求生存时期(survival)。在完全没有学前教育经验的情况下,任职在一所学前教育机构中,新来的教师所关注的是自己在陌生环境中能否生存下来,这种情形可能持续一二年。在此时期,教师不仅关切自己的生存问题,而且会发现他们所预想的成功与教学实际状况之间存在着差距,因此会感觉自己不能胜任,或者感到对教师这一角色尚未准备好。所以在这一时期教师最需要支持、理解、鼓励,给予信心、安慰与辅导。此外,更需要教学现场的支援与各种教学技能方面的协助。

2. 巩固时期(consolidation)。这一阶段会持续到第三年。在此时期的学前教师已经学习到一些处理教学事物的基础知识与方法,同时会统整并巩固在前一时期所获的经验和技巧。不仅如此,此时的学前教师已开始关注个别学生的问题,以及思考如何来帮助学生。因此,这时最需要得到有关特殊学生或处理学生问题的各种信息。并且,在这一时期给予教师教学的现场协助,使教师接触专家、接受同事以及顾问的建议都是必要的。

3. 更新时期(renewal)。这一时期可能会持续到第四年。在这一时期,教师对于平日繁杂而又规律刻板的工作感到倦怠,想要寻找创新的事物。因此,这一时期,必须鼓励教师参加研究会,加入教师专业组织,参加各种进修活动等。在参加活动的过程中,与其他教师彼此交换教学心得与经验,可以从与其他教师的交往中学习到新的经验、技巧和方法。

4. 成熟时期(maturity)。有些教师进步很快,二至三年就能达到成熟的阶段,而有些教师则需要五年甚至更长的时间。到了成熟时期的教师自己已有能力来思考一些较抽象、较深入的问题,同时,这一时期的教师已习惯于教师的角色。在这一时期,教师适宜参加各种促进教师发展的活动,包括参加各种研讨会,加入教师团体组织,进修学位,收集并阅读各种学前教育的相关信息与资料等。

卡茨所提出的教师发展时期论对于洞察教师发展的不同阶段具有重要的理论价值。不仅如此,卡茨所提出教师发展时期论虽以学前教师为主,但其内容对中小学教师在训练需求、协助教师专业成长等方面也都有参考与实用价值。遗憾的是,以卡茨为代表,还有特纳、格列高克等一批早期教师发展的理论家们,其研究中均存在这样一种局限,即他们将教师发展成熟以后的阶段归并在一起,而没有做更进一步的区别。因此,在他们的著作中,均体现这样一种观点:所有富有经验的教师都在继续成长,其间没有变化产生。这实际上只是一种愿望。因为教师生涯相当长,有些可能长达 30 至 40 年,而卡茨等早期的教师发展理论家们,均忽略了在这漫长的教师生涯过程里教师可能会产生挫折感、倦怠感而陷于停滞阶段,不再追求教学专业上的卓越与成长。可以说,并不是所有达到成熟期以后的教师都会继续追求成长,其间不可避免地会有变化产生。因此,卡茨对学前教师成熟期以后的发展未作研究与评述,这是美中不足之处。这也反映了早期教师发展理论研究仍处于探索阶段,有其未能突破的局限。

(三)费斯勒的教师生涯循环论(Fessler)

美国教师发展研究领域的另一位杰出学者费斯勒,通过对教师日常教学的观察了解,对 160 位教师的访问晤谈,以及开展典型事例的研究,和对于成人发展与人类生命发展阶段等相关理论的综合文献考察,并在借鉴该领域先期研究成果的基础上,于 1985 年推出了一套动态的教师生涯循环理论,从整体上探讨教师的发展历程。

费斯勒采用社会学的研究方法,将教师的整个职业生涯的发展视为一种动态的、变化的，回应各种影响因素的循环互动的历程。基于这样一种理论观点，费斯勒将教师的发展分为八个阶段：

1. 职前教育阶段（pre-service）。这个阶段的教育是为了特定的教师角色而作准备的，通常是在大学或师范学院进行的师资培育阶段。此外，这一阶段也包括在职教师从事新角色或新工作的再培训。无论是在高等教育机构内，还是在本身学校内的在职进修活动，均可涵盖在内。

2. 引导阶段（introduction）。这是教师任教前几年，也是教师走向社会，进入学校系统和学习每日例行工作的时期。在此阶段的每一位新任教师，通常都会努力寻找学生、同事、督导人员的接纳，并设法在处理每日问题和事务时获得被肯定的信心。

3. 能力建立阶段（competency building）。在此阶段的教师努力增进和充实与教育相关的知识，提高教学技巧和能力，设法获得新的信息、材料、方法和策略。此时的教师都想建立一套属于自己的教学体系，经常接受与吸收新的观念，参加研讨会和各种相关的会议，以及继续进修与深造。

4. 热心和成长阶段（enthusiastic and growing）。教师在此阶段，已经具有较高水平的教学能力，但是一位热心教育和继续追求成长的教师会更积极地追求其专业形象的建立，发挥热爱教育的工作热忱，不断寻找新的方法来丰富其教学活动。可以说，热心成长与高度的工作满足感是这一阶段的要素。

5. 生涯挫折阶段（career frustration）。在此阶段，教师可能会受到某种因素的影响，或是产生教学上的挫折感，或是工作满足程度逐渐下降，开始怀疑自己选择教师这份工作是否正确。许多相关文章中所探讨的"倦怠"感（burn-out）大多数都会出现在本阶段中。通常教师产生挫折感多在生涯中期，但在教师生涯前期，如任教前几年，也有逐渐增加的现象。

6. 稳定和停滞阶段（stable and stagnant）。这一阶段的教师存在着"做一天和尚撞一天钟"的心态。这些教师只做分内的工作，不会主动追求教学专业的卓越与成长，但求无过，不求有功，可以说是缺乏进取心、敷衍塞责的阶段。

7. 生涯低落阶段(career wind down)。这是准备离开教育岗位,打算"交棒"的低潮时期。在此阶段,有些教师感到愉悦自由,回想以前的桃李春风,而今终能功成身退;另外也有一些教师则会以一种苦涩的心情离开教育岗位,或是因被迫终止工作而感不平,或是因对教育工作的热爱而觉眷恋。

8. 生涯退出阶段(career exit)。这是离开教职后天涯寂寥的时期。有些人可能会寻找短期的临时工作,有些人可能会含饴弄孙,颐养天年;也可能会齿危鬓秃,多病故人疏。总之,是到了生命周期的最后落幕阶段。

费斯勒的教师生涯循环论,特别是其对教师发展的阶段描述,提供了一个较为完整的纵贯教师生涯的理论架构。这是对该领域先期研究成果的发展,因为它生动地呈现了教师在整个教学生涯的发展与变化的真实画面。更为突出的是,费斯勒借用社会学的研究方法,将教师的发展回归到教师的现实世界中去,尤其是对各种社会的以及周围情境的抑或个人的影响因素对教师发展所产生的正面或负面作用极为关注。总之,费斯勒的教师生涯循环论无论是对于完整的教师生涯进行规划,还是依据教师各个发展阶段,对其提供辅助支援,都具有重要的理论参考价值。

(四)司德菲的教师生涯发展模式(Steffy)

美国学者司德菲,依据人文心理学派的自我实现理论,建立了教师生涯发展模式,所以,他所提倡的模式也可称为是一种人文发展模式。司德菲的教师生涯发展模式吸收了费斯勒等人先期研究的成果,发扬其优点的同时又有新的超越。司德菲将教师发展分为五个阶段:

1. 预备生涯阶段(anticipatory career stage)。这一阶段主要包括新任职的教师或重新任职的教师。初任教师通常需要三年的时间,才会进展到下一个阶段,而重新任职的教师则能很快超越此阶段。在此阶段的教师具有以下几个特征:理想主义、有活力、富创意、接纳新观念、积极进取、努力向上。

2. 专家生涯阶段(expert master career stage)。这一阶段的教师具有较高水平的教学能力与技巧,同时拥有多方面的信息来源。这些教师们都能进行有效的班级经营和时间管理,对学生都抱有高度的期望,也能在自己的工作中,激发自我潜能,达到自我实现的目的。同时,这时的教师具有一种内在的透视力,可随时掌握学生的一举一动。

3. 退缩生涯阶段(withdrawal career stage)。

(1)初期的退缩(initial withdrawal)。这一时期教师的表现不是最好,也不是最坏。这一类教师在学校里可说是最多、也是最易被忽视的一群。他们很少致力于教学革新,所用的教材内容年复一年,他们的学生表现平平。此类教师所持的信念都较为固执,且自知变通。因此,这一期间的教师多半都沉默寡言,跟随别人,消极行事。此时,如果教育行政人员给予适时的、适当的支持与鼓励,这些教师又会恢复到专家生涯阶段。

(2)持续的退缩(persistent withdrawal)。这一时期,教师表现出倦怠感,经常批评学校、家长、学生,甚至教育行政部门,有时对一些表现好的教师也妄加指责。此外,这些教师会抗拒变革,对于行政上的措施不做任何反应,这些行为都有可能妨碍学校的发展。处于这一时期的教师,或是独来独往,或是行为极端,或是喋喋不休。这些教师人际关系都不甚和谐,家庭生活有时也会出现问题。因此,这一时期的教师需要帮助。

(3)深度的退缩(deep withdrawal)。这一时期的教师在教学上表现出无力感,甚至有时还会伤害到学生。但是,这些教师并不认为自己有这些缺点,而且具有很强烈的防范心理,这是学校最难处理的事。解决办法是让这些教师暂时转岗或转业。

4. 更新生涯阶段(renewal career stage)。这一阶段的教师在一开始出现厌烦的征兆时,他们就采取了较为积极的对应措施,如参加研讨会,进修课程,或加入教师组织等。故在此阶段的教师,又可看到预备生涯阶段朝气蓬勃的状态——有活力、肯吸收新知识、进取向上。惟一不同之处在于,预备生涯阶段的教师对教学感到新奇振奋,而在更新生涯阶段的教师则致力于追求专业成长,吸收新的教学知识。但在此阶段的教师,仍需要外在的支持,更需要学校行政部门的支持与协助。

5. 退出生涯阶段(exit career stage)。到了退休年龄,或由于其他原因而离开教育岗位,一些教师开始安度晚年,而一些教师则可能继续追求生涯的第二春天。

司德菲的教师生涯发展模式,可以说非常清晰地反映出了教师在整个职业生涯中发展的规律与特征。不仅如此,他所提出的"更新生涯阶段",对于费斯勒的研究无疑是一种超越,它弥补了费斯勒理论中的不足,即当教师处于发展的低潮期时,如果给予其适时、适当的协助与支持,教师是有可能度过低潮期而继续追求专业成长的。总之,司德菲的教师生涯发展模式比较完整,也比较真实地诠释了教师发展历程。

6.综合评析

上述各种教师发展阶段论是自 20 世纪 60 年代末迄今,在该领域较有影响的,且是教师发展阶段论作为一种理论研究,在其各个发展阶段具有代表性的论点。不仅如此,这些论点的依次出现,也正是反映了教师发展阶段论作为理论研究逐渐进步、完善的过程。从傅乐的有着"开辟先河"的历史功绩的教师关注阶段论,到司德菲的真实而完整地诠释教师发展历程与表现的教师生涯发展模式,首先是研究范畴上由点——"教师的关注点"(教师发展的一个侧面),到面——教师发展全程的拓展。

其次,在研究成果上,也是一个不断发展超越的过程。傅乐的研究,仅关注在"教师的关注点"上,因此以其一个侧面不足以窥视教师发展的全貌。而 70 年代卡茨与伯顿的理论,则对教师专业表现、心态、信念、需求等方方面面进行了阶段性描述。然而二者的研究仍不乏缺憾,即在教师发展阶段上,仅以教师的"成熟阶段"作为发展的终极,而对达到成熟期以后的教师发展未作出进一步研究。而事实上,认为达到成熟期以后的教师的发展会一往直前,其间没有变化产生,这只是一种良好的一厢情愿而已。80 年代中期,费斯勒则弥补了二者的不足,认识到教师会在漫长的职业生涯中,有可能遭遇挫折,甚至会陷于停滞。应该说,费斯勒的理论较之从前已较为完整、全面,而司德菲的理论则是进一步的发展。他以其"教师更新生涯阶段"的提出,在一定程度上超越了费斯勒的理论,即承认教师会陷于发展的低潮期,这是一种规律性表现。但不能听之任之,如果适时给予教师适当的协助,教师则可能会重新追求专业成长的。无疑,这是教师应该追求的积极的发展过程。至此,教师发展阶段研究已可以让我们大体了解教师发展的历程与面貌。这是一个逐渐探索、完善的研究过程。

此外,在研究方法上,也是一个由单一到多样,且渐近科学的过程。傅乐、卡茨的研究主要以访问法、问卷调查法、观察法以及参考轶事性参考资料为主,而伯顿则在此基础上,率先采用了数据处理的方法,从而使得研究成果更具科学性,这是在方法论上的一大进步。费斯勒在沿用上述方法的基础上,又以社会学的研究方法为主展开研究,而司德菲则进一步借用了人文心理学方面的研究方法。因此,纵观教师发展阶段论的研究历程,这也是一个在方法上逐渐丰富发展的过程。

至今,教师发展阶段论的研究已是日益蓬勃,各种教师发展阶段论令人目不暇接(可参见表 1)。然而,尽管如此,任何发展阶段论仍都不足以描述所有教师的发展历程。换句话说,并非所有教师都走在同样的发展轨迹上,教师有相当大的个别差异,无论我们如何来描述教师的发展历程,都只是就多数教师而言。

表 1　各种发展阶段论之比较

研究者　＼　发展阶段	傅乐(1969)	卡茨(1972)	格列高克(1973)	伯顿(1979)	麦克唐纳(1982)	邬勒特纳(1970)	费斯勒(1985)	司德菲(1989)	麦克林(1992)
职前1—	教学前关注					职前期	职前教育阶段		选择教学阶段
培育2—									职前教育阶段
阶段3—									
4—									
……									
1—	早期生存关注	求生存时期	形成阶段	求生存阶段	过渡阶段	初任教师期	引导阶段	预备生涯	导入阶段
2—			成长阶段	调整阶段	探索阶段				
3—	教学情境关注	巩固时期					能力建立阶段		
任　4—		更新时期			创造与成熟阶段		热切成长阶段		
5—		成熟时期	成熟时期	成熟阶段				专家生涯阶段	
6—	关注学生					安全期			
7—									正常教学生涯
职　8—					专业教学阶段				
9—									
10—									
11—									
服　12—									
13—			完全专业阶段					退缩生涯阶段	
14—									
15—						成熟期			
务　16—							生涯挫折阶段		
17—									
18—									
19—									
阶　20—								更新生涯阶段	
…									
25—							稳定停滞阶段		准备离开教学生涯
…									
段　30—									
…									
35—						生涯低落阶段	退出生涯阶段		
…						生涯退出阶段			
…									

　　诚然,教师们的发展有着显著的个别差异,而学者们依据不同的研究取向所提出的教师发展阶段论也各有千秋。然而,综观各种教师发展阶段论,仍可发现一些共同的特点与不足。

　　第一,在各种发展阶段论的划分方式上,即存在一些共同的特点。其一,在"职前师资培育阶段"与"初任教师导入阶段"之间有一个明显的分界点。虽然针对"初任教师导入阶段",各家的说法或名称稍有差异,但是这个阶段与职前师资培育阶段确有一个非常重要且明显的分界点。至于"初任教师导入阶段"究竟是几年,各家的说法有些不一致,但是仍然相差不远,大致是从一个教师开始任教到任教三年或四年的时间。其二,还有一个明显的分界点,就是在经历了初任教师阶段后,教师又进入了一个新的阶段。这个阶段的名称各家说法莫衷一是,而且各种发展阶段论对这个阶段的特性描述也有一些差异。由于这个阶段是教师生涯中持续最长的一段,有些人又把这个阶段进一步细分成几个阶段,有些人则将之笼统地看成一个阶段。无论如何,这个最长的阶段和初任教师导入阶段的确有相当明显的差异,因此也产生一个明显的分界点。

第二,在各种教师发展阶段论所提示的内容方面,也存在一些共同的特点。各种教师发展阶段论虽然同中有异,异中有同,但均能完整地看待教师的发展历程,将职前师资培育与在职教师的发展联结起来,视为一个连续的过程,并且凸显了教师在不同发展阶段具有不同的专业表现水平、需求、心态和信念等。可以说,在一定程度上反映了教师发展的一般规律。这是各种教师发展阶段论的贡献。伯顿在分析比较了各种教师发展阶段论后,也认为多数的发展阶段论都有下列这些共同的优点或是强调下列这些层面:

(1)它们都承认各阶段教师的个别差异事实,并强调更个别化的师资培养与在职训练方案。

(2)都把焦点集中在教师随着时间而来的各种改变,因此也需要长时期的介入与支持。

(3)在发展适宜的介入活动时,都考虑到教师在各个阶段的需要与兴趣。①

第三,尽管各种教师发展阶段论有以上的优点,但也仍有需要进一步探究与完善的地方。其一,大多数教师发展阶段论多偏向于对教师实际上所经历的发展情形或实际上所表现出来的发展情形的描述,而对教师最理想的发展历程与发展情形的描述未作应有的关注。事实上,我们

---

① 饶见维:《教师专业发展》,台湾五南图书出版公司,1996 年版,第 121 页。

需要了解理想的教师发展进程是如何的。因为,这一方面可为教师提供发展目标与努力方向,同时也可使教育行政机关等明确:应依据教师理想的发展进程,给予不同发展阶段的教师提供什么协助。总之,各种教师发展阶段论,如能对理想的教师发展进程予以勾勒、描述,则将更为完善且具有更大的理论与实践的参考价值。其二,在目前各种教师发展阶段论中,发展阶段的名称显得有些混乱。比如,有些发展阶段论直接用"第一阶段、第二阶段……"等来标示各阶段的名称,在意义上不是很清晰,不利于沟通与讨论,其他的发展阶段论虽然标示了各个阶段的名称,但是有许多阶段名称的语意仍然显得不够直接,例如:安全期(乌勒和特纳,Unruh & Turner);而有些名称则容易造成混淆,例如:伯克(Burke)的"更新"与"转向"等等。有鉴于此,学者们在对教师发展进行理论研究时,须对各发展阶段的名称审慎选用,以避免造成混乱。

教师发展是一个漫长的、动态的、纵贯整个职业生涯的历程,其间既有高潮也有低谷。通过对教师发展阶段的了解,作为教师自身,应对自己的教师生涯预作规划,以积极地回应其间的变化与需求。同时,也需以一颗平常心面对职业生涯的转变与岁月飞逝的事实。作为教育行政机关等管理支援部门,应依据教师的不同发展阶段,对教师的发展适时提供有的放矢的协助,激发教师的工作热忱与创意,使其走过多姿多彩而又美好完满的教师生涯。

二、教师发展影响因素论透析

教师的发展是一个连续的、动态的、纵贯整个职业生涯的过程。在这一过程中,教师会不可避免地面对各种各样的困境与危机。这些困境与危机有些来自于自身的因素,有些来自于环境的因素。这些因素都对教师的发展产生正面或负面的影响。因此,只有在了解教师发展的各种影响因素的基础上,并区别对待,才能更加适切地协助教师的发展。目前,国内外致力于教师发展研究的一些学者们,对这一课题也极为关注,并形成了较为系统的观点。以下就简介一二,并稍作评析。

(一)费斯勒的教师生涯发展影响因素论

美国约翰霍普金斯大学的费斯勒教授,借用社会系统理论提出了动态的教师生涯循环理论。同时,在研究过程中,对于影响教师发展的因素也作了系统的论述与详细的说明,并形成了教师生涯发展影响因素论。费斯勒的这一理论是在探讨教师发展影响因素这一问题上较具代表性的权威论述。

首先,费斯勒认为,教师的发展是一种贯穿于整个职业生涯的、动态的变化发展过程。其中,各种情境因素的影响对教师的发展意义重大。因为教师发展过程本身也即教师作为发展中的个体,回应各种影响因素,随之此消彼长、循环互动的历程。由于影响因素的不同,教师的发展状态也将大异其趣。比如,支援性的情境因素,将有力推动教师追求一种有意义的、积极的职业生涯进程;而影响因素的干预及其带来的压力,则可能阻碍、抑制甚至中断教师的发展。因此可以说,各种因素对教师的发展产生的是推力抑或阻力的作用。所以,要协助教师的发展,必须重视并区别不同的情境因素的影响,如此,才能对教师的发展施予有的放矢的协助与支援。

在研究过程中,费斯勒认为,各种影响因素往往是共同作用于同一发展个体的,因此很难将这些变项完全区别开来。但是为了讨论问题的方便,费斯勒将所有影响因素梳理为两大方面:个人环境因素与组织环境因素(参看图1)。

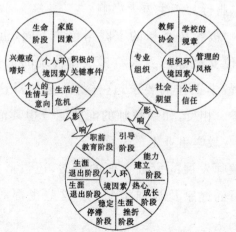

图1 费斯勒的教师发展影响因素图示

资料来源:高强华:《师资培育问题研究》,台湾师大书苑有限公司,1996年,第35页。

1. 个人环境因素

教师的个人环境影响因素包括许多彼此相互作用，同时又可达成一致的层面。这些影响因素也许会单独地、也许会复合在一起发生作用。当有些积极的影响因素对教师个人集中地产生重要影响时，这些影响因素就会成为影响教师专业行为与生涯发展的驱动力；相反，一个充满危机的、易导致冲突的个人环境则会对教师的工作世界产生否定的影响。那么，教师发展的个人环境影响因素主要包括以下几方面：

(1)家庭因素(family)

家庭是影响教师发展的一个重要个人环境因素。家庭，作为内部的支援系统，可能是支持，也可能是阻碍教师发展的。比如，一个家庭中的父母，如果鼓励年轻人在进行职业选择时，选择教师作为职业，那么，这也许会对教师的职前与初任阶段产生积极的影响。而如果父母不满意这一职业选择，则可能使得年轻教师在应付一系列成为真正教师的挑战的过程变得愈加困难。不仅如此，这一内部的支援系统也会转移到教师自己的家庭中，诸如配偶的选择、孩子的出世，以及与家庭相关的其他事件都会对教师的职业行为产生重大影响。

此外，一个教师被希望承担的家庭角色的不同，也会影响教师的发展。试想，如果一位女教师的爱人希望她作传统的贤妻良母，包揽一切家务，那么再加上教学工作的要求，这样势必会使得这位教师在教学事业上处于紧张状态。相反，如果教师的配偶能分担其治家及作父母的责任，则会推动教师在教学事业上的发展。

其他的影响教师发展的家庭方面的因素，还包括家庭的经济状况，以及其他家庭成员的健康及福利状况等。这些也都对教师发展产生支持抑或阻碍的影响。

(2)积极的关键事件(positive critical incidents)

积极的关键事件可以多种形式体现，如：美满的婚姻、孩子的出世、宗教的信仰经历等。在一个人的生活中,诸如此类的积极事件会提供安全与支援的基础,而这些会转移到教师的职业活动中来。此外,与其他的"有重要影响的人"的互动,比如,与有经验的资深教师的切磋与交往等,都会对教师的发展产生有益的影响。

（3）生活的危机（crisis）

个人或家庭出现的危机也会对教师的发展有所影响。比如,配偶的患病,亲友的故去,本人的疾病,经济上的损失,婚姻的不幸以及法律上的纠纷等都是危机的表现。这些危机可能会使教师不再视工作为生活的重心,同时,这些危机也会使教师感到难于应付职业期待与压力。

当然不同的教师面对危机时的表现也有所不同。一些教师可能会为此一蹶不振,甚至中断教师生涯,而另有一些教师则可以重新引导自身,将精力继续投入到工作中去,并以此作为缓解难题的办法。

（4）个人的性情与意向（individual dispositions）

每个人都是独一无二的,带有不同的行为特征,不同的阅历与累积的经验,不同的志向与目标,以及不同的价值观念,这些因素会影响教师职业生涯的决策与方向。比如,个人的志向与目标会影响一个人在成年早期是否选择教师作为自己的职业。而受生活阅历与经验的影响,一个人到了中、晚年,其生活的重心也许会发生变化,而这些会使教师重新思考与评估自己的职业,因此这也极易导致教师的职业变更与职业生涯的挫折。

（5）兴趣或嗜好（avocations interests）

教师的兴趣或嗜好主要包括生活中的爱好,以及志愿参加一些组织活动,宗教方面的经历及体育锻炼等。

个人兴趣或嗜好会为教师的继续成长提供机会,同时也会反馈到教学活动中来。兴趣爱好一方面可为教师发挥才智、取得成就提供途径,同时业余爱好也可弥补教师在教学以外的知识,并且还可提供教师在教学中所不能获得的满足需要的机会。

（6）生命阶段（life stages）

有关生命阶段的文献著作较流行的有李文逊（Levinson）和罗恩格的著作等。他们一致认为，个人所处的生命阶段对于职业生涯发展有着重要影响。比如，处在多变的"成人"这一生命阶段，人们经常会怀疑，进而对诸如职业、家庭、生活目标以及生活重心等进行反思，这在生命中期的危机阶段，确实是一种事实。特别是当个人面对自己后半生不知要做什么时，更是如此。而当教师处于难题较集中的生命阶段时，重新评估自己的职业选择，将会对工作表现与职业抉择产生重大影响。

总之，有关个人环境影响因素的分析与描述，并不是结论性的，这里所提示的只是影响教师发展的个人环境因素中最关键的部分。

2. 组织环境因素

学校与学校系统的组织环境是影响教师发展的第二大主要因素。当教师们经历他们的职业生涯时，这些组织环境影响因素所表现出的支援性影响，会推动教师的发展；相反，不信任的、充满危机的环境则会给教师的发展带来否定的影响。

（1）学校的规章（school regulations）

教师们受学校的、地区的、所在州的以及国家的规章制度的约束。这些规章制度通常是对学校的秩序与结构的规定，同时也反映了学校教育系统、社区以及国家的教育目标与价值取向。然而另一方面，规章制度也可能导致官僚作风，而这些会对教师产生不良影响。学校规章主要包括课程要求、教育计划以及对学生测试与评价的授权，这些都可能被教师以积极的抑或消极的方式去感受。

（2）管理风格（management style）

学校校长的管理风格会对教师个人的职业生涯发展产生重大影响。如果一位校长营造了一种信任与支持的氛围，并给予教师更多的自主权，以及相应的职责，并为教师追求教学专业方面的成长提供更多机会，则教师的反应必然是积极的，甚至处在职业生涯挫折期的教师也有可能在这种支持与帮助下走出低谷,重新引导自己继续追求教学专业上的发展。相反,如果校长以一种专治的、缺乏信任的、且一味地以一种上级对下级进行检查、监督的方式进行管理与督导,则易使教师对教学丧失热情,对工作敷衍塞责,这样教师的发展也将会面临挫折。

(3)公共信任(public trust)

公共信任的气氛对于教师的职业抉择与工作表现有着深刻的影响。在一种公众信任、支援的氛围中.教师与学校都会表现出信心与干劲,而这尤其会使得教师具有高度的自尊感,以及把教学视为一种可追求的事业从而对其抱有积极、肯定的看法。

相反,对学校长期的抨击与批评,必然会使得教师作为职业人,在评价自身时受到这种不良影响的冲击,从而极易导致教师的教学士气低落及产生挫败感。进而对自己的职业选择产生怀疑,对自己作为教师的未来表示担忧,这无疑是不利于教师的成长与发展的。

(4)社会期望(societal expectations)

社会对于学校所寄予的期望也会以多种方式影响到教师及其专业发展。社区的目标、道德标准、价值观、期望与要求都将对学校及教师产生影响。社区如此,那么大到国家、小到地区乃至特殊利益集团也都会对学校及教师有所左右,而以上这些因素都会帮助学校及教师来界定他们所处的情境与周围的氛围。

以上的社会期望的一个层面,可以通过对学校活动的财政支援这一方式表现出来,可反映在对学校正常运作及其教育改革的资金预算水平上,学校建筑所需费用的支援程度上,以及通过伙伴关系及志愿捐赠等形式的资金援助等方面。

(5)专业组织(professional organizations)

教师们经常可从专业组织那里获得领导的职位及专业成长的机会,这些专业组织,诸如"国际阅读组织"(International Reading Association)、"国家理科教师协会"(National Science Teachers Association)等等。国家的教师专业组织以及它们在各州的分支机构等，都可以为教师的更新、成长及升迁提供机会。

（6）教师协会（unions）

教师应拥有自主权（empowerment），这种风气在美国主要是由两大主要的教师协会——全国教育协会（the National Education Association）与美国教师联合会（the American Federation of Teachers）所推动的。对于教师发展的关注，是由早期的教师协会与教育行政管理当局的对抗而缘起，并逐渐形成一种风气。这种风气在美国的各个社区之间也有所不同，并且，教师对于他们的工作及其职业生涯的选择与评价也深受这种气氛所影响。一种协调的、积极的氛围，会推动教师的专业成长与获得更大的自主权，而这会使得教师有一种自豪感与成就感；相反，一种教师协会与教育行政当局之间不信任的气氛则会给教师的发展带来消极影响。

总之，以上的论述并非是结论性的，只是影响教师发展的一些主要的组织环境因素。

（二）蔡培村的教师发展影响因素论

我国台湾省学者蔡培村，通过实证调查与研究，认为教师发展的影响因素主要有四个方面：个人志趣、教学反馈、行政管理与学校气氛。并且，他将个人志趣、教学反馈归为个人层面的影响因素，而将行政管理与学校气氛归为外在环境影响因素。他通过"教师影响因素与高中、国中、国小教师专业发展之相关系数"的实证研究发现，上述四个教师发展影响因素与教师的发展，主要是专业发展，如教学技术、教育新知、班级经营、学生辅导等各因素层面之间达到了显著的相关水平。这说明，这些影响因素确实对教师专业方面的发展产生了重要影响。在此实证研究的基础上，他对教师发展各影响因素作了进一步的分析。

首先，他认为教师个人对于教学工作的兴趣和理想价值观及认同感是支持教师发展的原动力；反之，教师若缺乏教学志趣，则易对教学丧失热情，从而对其敷衍塞责，这样自然不利于教师的发展。其次，教学反馈

（包括学生成就、职务的升迁、家长的肯定与政府的鼓励等）的获得可增强教师的工作满足感，并借助反馈来调适自我的教学，从而增益于专业发展。再者，民主、开放的行政管理，能凝聚教师的向心力和教学的认同感，因而促进了教师的发展；反之，权威式的领导，则容易使教师产生抗拒、排斥心理与行为，而不利于教师的发展。最后，一个和谐、朝气蓬勃或具有研究风气的学校气氛有利于教师的发展；反之，消极、冲突的学校气氛自然会对教师的发展产生负面影响。

（三）饶见维的教师发展影响因素论

我国台湾省学者饶见维运用凯克兰（Checkland，1981）的"系统思考法"对教师发展的影响因素进行了分析与论述。在论述过程中，他首先结合教师的工作情境，并在对教师工作情境系统中所涉及的诸多因素进行描述的基础上，进一步探讨这些因素对教师发展的影响。他将这些影响因素概括为两大方面：校内因素与校外因素。其中，校内因素主要包括学生、教师、教育目标与课程教材、教学资源、教学活动、辅导与班级活动、校长与学校行政、学校的组织文化与人际网络八个因素。校外因素则包括教育行政机构、相关制度与政策、社区、相关人员对教师的角色印象与期望、相关人员对教育的基本理念、社会情境与文化这六个因素。

综上可见，饶见维对于教师发展影响因素的分析非常全面、系统，几乎涵盖了与教师发展相关的各方面因素。其中，由于一些因素的分析与费斯勒及蔡培村的论述大体相当，所以在此不再赘述。但是与二者相比较，饶见维的教师发展影响因素论也有一些不同之处。比如，在校内因素方面，他非常重视"学校的组织文化与人际网络"这一因素；而在校外因素方面，他则特别提出"社会情境与文化"的影响。可以说，这两个因素都是从与"文化"相关的角度来探讨对教师发展的影响的。就微观而言，前者是囿于校内教师之间的互动而形成的学校文化。这种学校文化影响到教师的专业行动、教学士气以及教师发展活动。从宏观来讲，后者是指人的意识形态与历史文化传统，这是一种隐藏在人心深处的无形的文化。这种文化往往对教师及学校的发展产生重要且深远影响,而有时也可能是一种桎梏。此外,在这种文化中,文化的冲突常常给教师带来发展的需求。比如,"在学校与学区里,多元文化同时在运作着,因此当我们透过教职员发展来进行学校革新工作时,就必须用心注意文化冲突与文化革新的问题"。① 再者,文化的创新也带来教师发展的持续需求。最明显的莫过于科技与知识的发展使得教师必须持续学习,否则跟不上时代的脉动。

第三节　现代教师观、教师发展与教师教育:启示与思考

一、反思与创新:反思型教师与教师教育运动给我们的启示与思考

反思型教师与教师教育运动极其复杂,决非三言两语所能道得清楚的。其意义与价值也须在对其进行全面、深入的考察分析之后才能予以判定。不过,透过目前的分析,反思型教师与教师教育运动至少有以下几点值得我们思考:

(一)反思型教师与教师教育符合我们培养创新人才的需要

在现代社会里,生产、经济、军事、教育等多方面的发展、革命以超乎人们想象的速度进行着,人们越来越清醒地认识到,各国间经济、高科技的竞争的背后实质上是人才的竞争,是教育的竞争。这其中创新所起的作用越来越大,成了关系一个国家与民族生死攸关的大事,是其继续生存和发展的前提。江泽民总书记曾经指出:"一个没有创新能力的民族,难以屹立于世界先进民族之林。"②创新需要人才。因而教育是否是创新教育,培养出的人才是否具有创新能力具有十分重要的意义。用中国教育部长陈至立的话说就是:"创新要靠人才,这就要求教育在普及的同

---

① 饶见维:《教师专业发展》,台湾五南图书出版公司,1996 年版,第 84 页。
② 杨锦:《完善教育机制与创新人才的培养》,《北京教育》,2000 年第 1 期,第 15—16 页。

时,还要朝创新教育的方向发展。"她又说:"面对即将到来的 21 世纪,中国要抓紧进行教育改革,其中的重点就是大力推进素质教育和创新教育。"①中国在 1999 年 1 月 13 日颁布的《面向 21 世纪教育界振兴行动计划》里,提出了要提高全民族素质和创新能力。另外,在 1999 年 6 月召开的第三次全国教育工作会议中,也提出了要以培养学生的创新精神和实践能力为重点,全面推进素质教育。

对开展创新教育,培养创新人才重要性的深刻认识,不只属于中国,可以说是全球性的。如东南亚教育事业最为发达、经济竞争力连续三年在世界排名第一的新加坡,近年来在其教育中把重视创新意识,发展信息技术教育列为教育改革的重点。② 1987 年日本曾在临时教育审议会的终结报告中强调面向 21 世纪要培养具有"宽广的胸怀,强壮的体魄,丰富的创造力;自由、自律和公共的精神;面向世界的日本人"。美国在 1988 年 9 月发表的《美国的潜能——人》的报告中提出:"面向 21 世纪去开发人的才能,意味着培养人们具有明确的生活目标和社会责任感,具有在变化的环境里应用所学知识和技能的高度适应能力,具有创造意识,并能不断获得新知,而且有能力克服自身的局限。"③

的确,在变革的社会里,知识不断更新的时代中,只有思维灵敏,判断准确,具有创新能力的人才能适应这一切。未来的社会最需要的是既有知识又有智能的人。而这些具有创新能力的人才的培养则离不开教师,教师既能促进又能抑制学生创造意识和能力的培养。只有具有创新意识和创新能力的教师才能培养出具有创新意识和创新能力的学生。因此这就要求教师要具有创新意识、创新能力和创新品格;要能不拘泥于个人经验,敢于在教育改革中开拓创新,根据不同的对象,不同的教育内容,不同的教学目标要求,创造性地应用知识和经验,以设计出最佳教

---

① 关鸿羽、周正:《从小就要培养创造性》,《北京教育》,2000 年第 1 期,第 17 页。
② 同①。
③ 李芬著:《世界教育改革走向》,中国社会科学出版社,1997 年版,第 11 页。

育教学方案,尽可能取得较好的教学效果;同时也要求教师在教学工作中要能负起责任,反应敏捷,能不断地对教学进行自我总结和锤炼,构建出新的教学模式,形成具有自己特色的教学艺术。

21世纪的人才必须是具有创新精神和创新能力的人,创新精神和创新能力的人才的产出又必须是以具有创新精神和创新能力的教师和培养这种教师的教师教育的存在为其前提的。而反思型教师与教师教育运动所倡导的正是这样的方向。

反思型教师教育所培养出的反思型教师具有较强的创新思维与实践能力。反思型教师在面临新的问题或情况时,如果既有的知识无法解决问题,他们就会进行创造性思维,在运用既有知识的基础之上,对知识进行重组或加工,寻找出可以解决问题的方法。换言之,只有反思型教师才能在教学实践过程中充分发挥个人的创造力,做到因时、因地、因学生制宜,灵活变通教学方法,创造出独特地解决问题的方案和教学策略,从而较好地完成培养创造性人才的重任。

(二)反思型教师与教师教育符合信息时代的要求和终身教育的精神

第二次世界大战以后,在新技术革命的推动之下,人类社会进入了信息时代。托夫勒在《第三次浪潮》一书中,曾以生动的笔触描绘了信息社会中人们的观念及生产、生活方式的转变。人们普遍认为信息时代的一个最基本的特征便是人们接触到的信息量急剧膨胀,信息在人们日常决策中日益发挥着越来越重要的作用。信息和知识的膨胀性爆炸,一方面极大地丰富了人们的物质生活,另一方面也极大地改变了人们的精神生活。人们感到需要不断地学习,更新知识,才能跟上科技的发展,适应工作的需要。对于教师来说,学会教学、学会学习的过程,应该贯穿整个职业生涯。他们必须树立教育终身化的观念,具有终身学习的意愿和能力。教师教育者们在未来教师们的职前阶段只教会他们特定的技能技巧是不够的,培养他们能够不断学习的能力则更为重要。因为信息时代科技、知识发展日新月异,教师只凭过去所学的知识和经验,是很难胜任教学工作的,他们必须不断地学习,吸取多种经济、科技、政治和教育知识,扩大知识领域,提高教学能力。只有这样,当教师在教学生涯中面临新的问题与新的挑战时,才能够做到在"教中学",在"学中知",才能不断扩展自己的知识与才能,以及不断培养自己判断能力与行动能力,从而完成教书育人的重任。

反思型教师教育思潮所提出的教师观和教师教育观正是倡导教师要向着上述方向发展。反思型教师在教学过程中会全面反思自己的教学行为,能对自己或他人的教育行动进行批判性思考。这就促使反思型教师必须不断地进行学习,从而使他们能够把教会学生"学会学习"与自身"学会教学"有机结合起来。反思型教师由于有着不断探究、反思的意向,他们在教学实践中就具有进行研究的行为和能力。

(三)反思型教师和教师教育有助于解决教育研究与教育实践脱节的老大难问题

教育研究与教育实践的关系是当前教育科学中一个极敏感的问题。综观当前教育领域,在教育研究方面,由于从事研究被认为是专家学者的事情,就容易使研究者脱离教育实践;而在教育实践方面,又认为从事教学是教师的本分工作,教师把教学工作完成好就行,这就造成了教育理论工作与教育实践工作相互隔阂的格局,进而产生了许多问题。一方面由于教育研究工作缺乏教师的参与,使得教育研究过多地脱离了现实背景,越来越具有"武断性"、"不真实性"、"权威性",造成教育理论在教育实践中不能充分发挥作用局面的产生。另一方面教师在教育实践过程中,却迫切希望教育研究能对提高他们的教学质量有所帮助,当他们遇到难题时,也期望"专家们"能够通过教学研究为他们提供一些建议。为此,人们试图构建教育研究与教育实践关系的新模式。

反思型教师教育思潮所提出的"教师即研究者"、"教师即行动研究者"体现这样一种观点:教育研究不只是专家、学者的专利,从事教育实践的教师也应该从事教育研究,教育研究应该成为教师专业内容。反思型教师教育所培养的反思型教师除了掌握本学科的知识及其结构、掌握必要的教学技能外,还要具有质疑、研究、探讨自己教学实践的信念和技能;具有在教学实践中对教育理论进行质疑和检验的意向。

由于反思型教师和教师教育与行动研究具有根基上的一致性和方法上的互通性,行动研究自反思型教师和教师教育运动兴起以来一直就被作为促进反思型教师成长与发展的主要的、行之有效的方法之一。而行动研究又总是以课程开发、学校改善之类的日常实践问题为研究课题,致力于现实教育问题的解决。这种追求研究与实践相结合的协同调查研究形态,一方面为易处于孤立地位的广大教师提供了接触理论、拓宽视野的机会;另一方面,也为易脱离教育实践的研究者提供有意义的研究场所,从而在某种程度上有助于解决教育研究与教育实践相脱节的问题。

二、发展与一体化:国际教师发展研究给我们的启示与思考

通过对教师发展研究的考察,我们可以看出,教师发展理论不仅关注教师在整个职业生涯的连续发展(纵向的),而且还极为重视影响教师发展的各种因素(横向的)。可以说,它集中地体现终身教育的一体化思想。对照教师发展研究的成果,联系我国的教师教育现状与问题,有许多问题值得我们认真地进行借鉴与思考。

(一)倡导教师发展理念,更新教师教育观念

教师教育发展到今天,已成为一个统合教师职前与职后教育的综合概念,"这个概念体现了终身教育思潮,体现了教师教育的连续性,连续性正是当今教师教育的重要特征"。[1] 教师职前与职后教育的连续化或一体化,使得教师的发展成为终身教育下的必然。因此,从这一意义上讲,教师发展与教师教育形成了相辅相成、互为表里的关系,亦即,教师教育促进了教师的发展,而教师发展则通过教师教育来实现。

因为如果没有一体化的教师教育体制,则教师的发展必将缺乏制度上

---

① 梁忠义、罗正华主编:《教师教育》,吉林教育出版社,1998年版,第1页。

的依托而将难以得到保障;同样,教师教育的发展也只有在重视教师发展的基础上才能达成。因为教师发展,不仅重视的是教师的终身发展,而且也是教师作为发展着的个体,自主发展、主动追求职业能力自我实现的内在发展过程。因此,教师发展以形成和确保教师的主体性、自律性而可以更加有利地推动教师教育的进步。因为对于成熟的职业人——教师而言,在其提高职业能力的各阶段教育过程中,惟有重视发挥其自主性,这样的教师教育才能取得良好的效果。更为重要的是,教师教育的推进,也须观照教师的发展历程并以教师发展规律为依据,如此相辅相成,才能切实促进教师的发展,实现教师教育的最佳效果。因此,我们应加强对教师发展的关注与研究,并倡导教师发展的理念,进而来推动我国教师教育的发展。

（二）依据教师发展规律,规划教师教育

首先,依据教师发展理论,在教师的职前培育阶段,应摒弃以往的一次性师资培育的观念。因为时代的飞速发展在淘汰完成式的师资培养模式,而只是将职前教育视作教师终身发展的漫长历程中的起步而已。教师的终身发展,终身受教,要求将教师的职前与职后教育在培养目标、培养途径、课程设置等方面作连贯一体的规划与设计,实现职前与职后教育功能上的一体化。为此,职前师资培育各方面都应作适度调整。比如,在课程内容方面,就不必将一些只要一接触教育实践就能直接意识到和掌握的知识与技能安排在职前教育阶段;此外在职前的教育实习方面,也应增加课时,而非流于形式,这样有益于教师职前与职后教育的紧密衔接,从而使得教师的职前与职后教育成为一体的、连续的、终身的发展过程。

其次,在教师的职后教育阶段,依据教师发展理论,也应在观念及具体规划方面作适度调整。

依据教师发展理论,教师在不同发展阶段,有着不同的专业发展的重点与需求。但目前的教师继续教育常常忽略了以教师发展规律作为规划的基础和依据,因而使得教师继续教育,尤论在制度的规划或课程的设计上,均无法满足教师的需求,甚至造成教育资源的浪费。那么,依据教师发展理论,教师处于不同发展阶段时,其专业发展的需求与重点有哪些不同呢?对此,台湾学者蔡培村专门作了研究与分析。他将教师发展分为5个阶段:适应期(任教1年),能力建立期(任教2~5年),成熟期(任教6~20年),稳定期(任教20~30年)和后发展期(任教31年以上),并且在实证研究的基础上,就各个发展阶段专业发展的重点进行了分析与论述。适应期教师偏重于教学技能、教育新知、生活知识与学生辅导;能力建立期教师偏重于教育新知、生活知识、学生辅导及行政知识与能力;成熟期教师偏重于行政能力、生活能力、学生辅导与教育技能;稳定期教师偏重于专业态度、教学技能、学科知识与班级经营;而后发展期教师则偏重于生活能力、行政能力、学生辅导、专业态度。因此,依据教师发展规律,在规划教师继续教育时,可根据教师不同发展阶段专业发展的需求及重点,来设计不同的继续教育活动,这会极大地提高教师参与的热情,从而会更加富有成效。

(三)依据教师不同发展阶段的特点,提供不同的支援与协助,以促进教师的专业发展

教师的发展是一个纵贯整个职业生涯的历程。在这一历程中,教师需要不时地得到支援与协助,因为教师工作的性质决定了这是一项复杂度高、压力大、挑战多的工作。特别是当教师面临一些困境与危机时,更需要得到适时与适当的支援、协助。因为这时的支援、协助也许会帮助教师渡过难关,走出低谷,重新追求发展;相反,困境与压力也会使教师萎靡不振,甚至中断教师生涯。因此说,在教师整个职业生涯发展过程中,为其提供有的放矢的援助对于教师的发展意义重大。特别是,当教师经历压力较大、危机较多,同时对其整个职业生涯的发展又有着重要影响的发展阶段时,能否得到协助,则更加至关重要。那么,在教师整个教职期间,这样的关键发展阶段主要有职前教育阶段,入职的初任教师阶段和职后的"生涯挫折阶段"。教师在处于以上不同的发展阶段时,所

需要的支援与协助又有所不同,这是由教师发展的规律所决定的。

1. 职前教育阶段

在我国,目前的师资培育仍旧没有成功解决教育理论与教育实践严重分离的弊端。比如,目前的许多师范院校往往把教育理论课程与教育实习分开来上,理论学习放在前面,而在整个师资培育阶段接近结束时,才让师范生对真正现实教学进行观察与实习,而且教育实习的时间也往往少得可怜,通常只有一至两个月。因此,这种教育实习往往只是流于形式,缺乏实效。总之,我国目前的师资培育过程依然没有做到理论与实践的紧密结合,正是因为师资培育阶段未能充分结合教学实践,即教师现实的工作情境,因此师范生在进入教职后的初任教师阶段常常会产生诸多的不适应,也就是我们常说的"现实的震撼",而这会使原本艰难的初任阶段变得更加艰辛。有些初任教师会因此产生挫败感,进而怀疑自己的职业选择,有的甚至感觉到自己根本不适合作教师而萌发退出教职的想法。

有鉴于此,我们应尽力做到使职前教育提早接触现实的教师工作情境,使其了解教师工作的复杂程度,从而顺利实现角色转换。同时,也使其明晰自己在教学专业准备上的不足,进而激发其对专业发展的需求。那么在具体的实现途径上,我们也许不妨参考一下西方的校本培训方式(school-based teacher education),即师资培育的整个过程都与中小学密切结合。至于结合的方法,比如增加教育实习时间,且分散安排,直接与各种教育理论课程一起配合;师范院校的任教教师也可利用中小学进行"临床"教学与研究;而一些师资培育课程也可由中小学经验丰富的优秀教师来执教,等等。

2. 初任教师阶段

前述各种教师发展理论都关注到了初任教师阶段。初任教师虽然已是一个完成了所有职前训练课程的教师,并获得了执教的资格,但是从师范生到开始正式执教,毕竟是一个身份的转变,角色的转换,以及责任的变化。因此,最初的教学生涯往往会使初任教师产生无所适从的感觉,甚至会给一些教师留下一段受挫的经历。因此如何度过这一段适应期,对初任教师而言,的确是一个挑战。正如克鲁伊克和卡兰翰(Cruick & Callahan)在书中所说:"一个师范生的书桌与一位教师的书桌之间的距离,虽然在直线跨度上很短,但是它确是这些年轻人在那么短的时间内所要跨越的一段最长的、心理上的历程。"①不仅如此,初任教师能否顺利度过这一适应期,对于教师未来的教学专业方面的发展也有着深远的影响。比如,初任教师从事教学后,如果感到自己处在一种"自生自灭,自求多福"的处境,而没有得到适当的协助与支援,那么最明显的影响就是,有些教师感到压力太大,从而严重降低自信心,产生沮丧和无力感,提早对教师生活感到厌倦,有的甚至萌发退出教学生涯的想法。因此,在 1996 年国际教育大会第 45 届会议上,学者们一致呼吁:"应该对刚开始从事教师职业的教师予以特别的关注,因为他们的最初职位以及他们将进行的工作对其以后的培训和职业具有决定性的影响。"②

正因如此,对于初任教师提供必要的支援、协助和培训辅导则是非常必要且重要的。正如美国学者费斯勒所说:"教师行业要想吸引好的教师并留住他们,非常紧要的是通过入职培训项目帮助新任教师。"③而在我国,目前对于初任教师提供的辅导与协助还相当有限,并且在力度上也相当薄弱。为此,我们应对初任教师予以高度关注,并对其适时提供支援与辅导。

在这一方面,美国已提出实施初任教师的就职教育来帮助初任教师顺利度过适应期,这也许会对我国为初任教师提供辅导与协助有所启发。

美国初任教师的就职教育是一个安排有序的计划,旨在专门向初任教师提供至少为期一年的系统而持续的帮助,使之尽快适应环境,进入

---

① Judith C.Christensen & Ralph Fessler,The Teacher Career Cycle:Understanding and Guiding the Professional Development of Teachers,Boston:Allyn & Bacon,1992,P.60.

② 赵中建译:《国际教育大会第 45 届会议的建议》,《外国教育资料》,1997 年第 6 期,第 6 页。

③ Judith C.Christensen & Ralph Fessler,The Teacher Career Cycle:Understanding and Guiding the Professional Development of Teachers,P.69.

角色。经常采取的措施有：缩小初任教师任教班级的规模，把那些难对付的学生调往由其他教师任教的班级，免去新任教师的非教学性工作或课外活动，为初任教师留出备课时间和观摩其他教师工作的时间。此外，美国也有一些学区对初任教师实行导师制，即在第一学年委派一名富有经验的老教师，负责向初任教师提供各种帮助和辅导。新任教师每天都要与自己的指导教师见面，回顾先前的工作，商讨备课、测验、评分以及维持纪律的技巧等各种问题。指导教师有时也要进行教学现场的示范与指导，并与初任教师共同分享经验。此外，高等院校教育专业的教职员也可以通过短期课程或研讨班的形式，向初任教师及其指导教师提供必要的帮助。

与美国的初任教师就职教育相比，我国对于初任教师，不仅提供的辅导与协助相当有限，而且在责任分配方面反而加重了他们的工作量与负担值。比如，让初任教师担任班主任的做法，使得初任教师除了承担教学任务，还要担负起管理班级的工作。此外，各种课外活动的组织与管理工作也蜂拥而至。所有的一切使得初任教师疲于应付。这不仅给初任教师原本紧张、焦虑的适应期增添了压力，而且当初任教师被分配的工作与老教师相同甚至更难时，他们会心存恐惧，担心会与老教师相比较时，他们会被评价为是无能的。

因此，美国学者罗蒂（Lortie）提醒我们："教学是一种要求初任教师从第一天工作开始，就要全权负责的工作，并且要与有着 25 年教学经验的同事完成相同的工作任务。如果在就职的第一年，就把除了教学以外的全部工作分配给初任教师，那就要考虑初任教师的精力与能力，因为他们是不应该被过度分配工作的。"①由此可见，对于初任教师，我们要加强辅导与协助，特别是要减少他们的工作负荷，否则易使其提早对教学产生倦怠感而不利于他们的成长与发展。

①　Judith C.Christensen & Ralph Fessler，The Teacher Career Cycle：Understanding and Guiding the Professional Development of Teachers，P.72.

3. 在职教师的生涯挫折阶段

诚然,在职教师职业生涯自初任阶段开始,就需要得到上级或行政部门的持续的支援与协助,特别是当教师处于"生涯挫折阶段"(费斯勒)时,尤其需要得到协助。

教师的生涯挫折阶段大多出现在职业生涯的中期,大约是任教后 15 年左右。在此阶段,教师或是产生教学上的挫折感,或是工作满足程度逐渐下降,进而开始怀疑自己选择教师这一职业是否正确。在教学上,常表现出无力感、倦怠感。因此这一时期的教师极需要得到帮助。比如,在这一阶段,教育行政部门可组织教师参加校内或校际间的研讨会,使教师之间彼此交流教学经验与体会;或者,邀请国内外著名学者讲学、作学术报告等,开阔教师视野,提高科研意识;也可为教师切实提供时间与教育资源使其参加进修培训,提高教育教学能力与技巧,或是鼓励教师加入教师组织;此外,也可在待遇方面,制定一系列奖勉措施,以鼓励优秀教师,激励陷于生涯挫折期的教师;再者,在当今信息社会里,为教师提供设备,使其通过因特网等撷取世界最新教育知识与信息,这也许会有力促动处于生涯挫折阶段的教师重新燃起教育热情。总之,教师处于生涯挫折阶段时,如果及时得到帮助与支援会有助于教师走过低谷,重新追求专业上的发展。

总之,教师发展是一个纵贯整个职业生涯的历程,其间高潮、低谷兼而有之。作为教育行政部门应根据教师发展的规律与阶段,对教师及时给予适时适当的协助,从而推动教师不断追求发展与进步。

(四)加强学校文化建设,为教师发展创设一个良好的环境

通过对教师发展影响因素论的了解,我们知道,教师任教学校的文化与氛围对教师的发展至关重要,因为教师发展的主要历程是在中小学环境下展开的。所以,学校环境、文化是影响教师发展的重要因素之一。而且,这一因素不是影响个别教师,而是影响到校内所有教师的发展。不仅如此,这对于整个学校系统的改善也至为关键。因此,近年来人们

对学校文化建设这一课题也越来越关注。

通常,在一所学校里,学校的组织文化与人际网络往往很复杂,包括各种有形的、无形的、正式的、非正式的组织结构与人际关系。教师在这些人际网络中与其他人员的交往互动,即形成一种学校文化,而这种学校文化会影响到教师的专业行为,也影响到教师发展活动。正如美国学者芙兰和哈格里夫斯(Fullan&Hargreaves)所指出的那样:"当我们试图了解教师发展时,必须考虑四个主要影响因素:教师的目的,教师工作的脉络,教学的文化脉络,校内与校际间教师的工作关系。其中,学校内的教学文化更是教师发展的关键。"[①]因为,"学校的气氛可能并不鼓励或者甚至妨碍教师对自己的教学进行分析反应,导致对专业学习采取固执己见或自我防卫的方式,结果教师的学习很快就到达停滞不前的地步,教学也变成例行公事,保守、缺乏质疑"。[②] 由此可见,学者们都不约而同地指出了学校文化对教师发展的重要意义。

然而,如何建设健康、向上的学校文化与营造和谐的校园氛围从而有益于教师的发展呢?这可以说是一个较大的研究课题,在此只能浅谈一二:首先,校长要实行开放民主的行政管理,赋予教师更多的专业自主权。因为在一个民主、自由的教育环境中,教师对于教学或行政上所遇到的问题或是宝贵的经验也较愿意提出来分享讨论,这样自然有利于教师的专业发展与良好学校文化的形成。不仅如此,教师拥有较大的专业自主权,可进一步激发教师的热情与动力,从而易于教师创新与发展。其次,推动教师发展的相关活动。诸如,鼓励教师参加教师专业团体与组织;倡导教师进修与进行科研的风气,开展研讨与交流;帮助教师调适教学上的挫折感等等。希望通过这些活动,可以引导教师关注自己教学专业的发展,进而形成一种大家齐心办好教育的风气。再者,要协调教师间利益与责任的分配,营造良好的人际氛围。因为学校里的人际关系是否良好,会显著影响到教师的工作表现与教学士气,自然也会影响整

---

①②饶见维:《教师专业发展》,第71页。

个学校的校风与氛围。然而事实上，在任何一个组织中，组织成员必然会在观念上、利益与责任的分配上产生歧义与冲突。因此，进行科学管理，尽力协调好教师间的利益、责任关系，进而营造和谐的人际氛围，也是建设学校文化的重要举措。

总之，建设良好的学校文化，无论对于教师的发展，还是学校的改善，都是尤为重要的。因此，在我国的学校教育改革过程中，应关注这一问题，以使教师们在和谐、健康的校园文化氛围中不断发展、进取，走出一条完满、美好、富有意义的教师生涯之路。

三、简短的总结：反思、发展与一体化

反思型教师和教师教育运动针对技术性教师观和胜任为本的教师教育模式的弊端，提出了反思型教师观和探究为本的教师教育模式，为人们展示了由以认知科学和质量研究为基础的教师教育取代以往以行为科学为基础的教师教育的可能与新的方向。

教师发展研究，尽管尚有待进一步的拓展与深入，但却足以充分地向我们展示了教师发展的复杂性以及依据教师发展规律开展教师教育的必要性和重要性以及可能性。

反思型教师与教师教育运动与教师发展研究，虽然二者的着眼点与侧重点不同，但所追求的方向确是一致的。稍作考察与分析就可以看出，反思型教师和教师教育运动与教师发展研究的核心理念里都隐含着对教师的三个基本看法：教师是"专业人员"；教师是"发展中的个体"；教师是"学习者和研究者"。正是在这几点上，我们可以看出二者之间根源上的一致。

（一）把教师视为"专业人员"（teacher as professional）

把教师视为专业人员时，并非表示目前的教师已经具有了专业水准与专业地位，而是表示着对教师朝着成为专业教育家努力的期许。就社会而言，只有把教师如此定位，才能充分激发教师的潜能，从而达到提升教育水准的目的；就教师个人而言，要想提高自己的专业地位，也必须自

我期许,并以此作为努力的目标。

如前所述,反思型教师和教师教育运动就是在教师专业化运动的推动下兴起并蓬勃发展起来的,在一定意义上也可以说,反思型教师与教师教育运动也属于教师专业化运动的一个重要阶段或组成部分,其目的也最终在于提升教师的专业水准与专业地位。关于这一点,无须在此赘述。

另一方面,教师发展研究原本就是对"教师专业发展"(teacher professional development)的研究,而"教师专业发展"这个名词所要强调的就是教师的专业特性与专业化理想[①]。

(二)把教师视为"发展中的个体"(teacher as developing person)

伯克认为,"教师专业发展"这个概念的基本假设是:教师需要持续的发展[②]。芙兰和哈格里夫斯也曾指出,当我们要了解教师发展时,必须考虑的第一个因素就是,教师是一个"人"。[③] 一个教师虽然在身心上一般而言都要比学生成熟,但并不意味着他已经成为完全成熟的个体,不会再发展。一个教师在生理上都已趋近成熟,但是在心智上任何教师都有无限发展的空间。师也是人,就和一般人一样,是发展中的个体。不仅学生是发展中的个体,教师也是一直在变化、发展的个体。总之,教师是发展中的个体这一点是"教师(专业)发展"这一名词所要表达的核心理念之一。

"反思型教师"这一概念所体现的是这样一种思想:就教师教育而言,与其教授特定的教育专业知识,不如培养教师的反思能力,使其具备反思的习惯与态度,能够从自己的专业经验中持续检讨、改进,并形成越来越丰富的专业知识;就教师而言,要对自己的专业发展发挥更强的主体性,负起更大的责任。也就是说,"反思型教师"这一概念实际上也是

---

① 饶见维著《教师专业发展——理论与实务》,第18页。
② Burke,P.J.(1987)Teacher Development.New York:The Falmer Press,P.7.
③ Fullan,M. & Hargreaves,A.(1992)Teacher Development and Educational Change.London:The Falmer Press,P.5.

将教师是发展中的个体这一思想作为一个不言而喻的前提予以接受了。

（三）把教师视为"学习者和研究者"（teacher as learner/researcher）

如前所述，反思型教师和教师教育运动基于教育对象的多样性、教育情境的复杂性和教育改革的频繁性，强调教师学会教学的过程应该贯穿教师的整个职业生涯，为此，教师教育者们应该帮助未来的教师在职前阶段形成并保持终身学习、研究教学的意愿，掌握反思、研究教学的能力，以及形成对自己的专业发展负起责任的使命感。也就是说，教师是"终身学习者"这一点是"反思型教师"的首要特点；而"教师是研究者"这一点则表明了"反思型教师"不是一个被动的学习者，而是一个具有主体性的学习者。

布兰克曼（Blackman）曾简要地给"教师（专业）发展"下一个定义：不论时代如何演变，也不论是自发的还是受赞助的，教师始终都是持续的学习者，这种学习就是"专业发展"。[①] 伯克也曾说过，学习的特权和帮助他人学习的特权，乃是教师工作中最令人感到兴奋与刺激的部分[②]。两位学者都强调"教师即学习者"的观念。实际上，这也是所有教师发展研究者均坚持与强调的观念。

比"教师是学习者"这个观念更有积极意义的乃是"教师即研究者"这个观念。[③] "教师即研究者"观念把教师视为积极的研究者，强调教师自发的学习和研究，而不是把教师视为"被发展"或"有待补救"的个体。因而极受教师发展研究者的青睐，并被纳入教师发展概念之中，成为教师发展概念的重要构成要素。缇考（TicHe）认为，依据"教师即研究者"这个观念，教师成长历程的自我发展包含三个主要活动：练习做专业判

---

① Blackman，C.A.(1989)Issues in Professional Development：A Continuing Agenda.In M.L.Holly & C.S.Mcloughlin(Eds.)，Perspectives on the Teacher Professional Development.New York：The Falmer Press，P.l.

② Burke，P.J.(1987)Teacher Development.P.9.

③ Elliot J.(1990)Teachers as Researchers：Implications for Supervision and Teacher Education. Teaching and Teacher Education，P.280－298.

断;进行批判性反思;进行系统的自我分析。^① 皮恩克和海德(Pink & Hayde)也曾指出,教师专业发展计划必须包括理论、研究和实务工作人员的反思,以便确定出适合特定背景和环境的学校革新。^②

简而言之,"教师(专业)发展"这个概念的重要含义之一就是:教师不仅是"教人者",也是"学习者",更是"自我教育者",同时也是"研究者"。就"教人者"而言,教师身兼"经师"和"人师"的双重角色;就"学习者"而言,教师要不断学习;就"自我教育者"和"研究者"而言,教师不能只是被动地根据环境的需要或法令的规定采取进修学习,每一个教师终究必须自我引导自己的专业发展。^③

总而言之,反思型教师和教师教育运动与教师发展研究表达了一个共同的核心理念:教学工作是一项专业性工作,而教师则是持续发展的个体,可以通过持续的学习和探究历程来提高其专业水准与专业表现。基于这一理念,教师教育要实现一体化(即职前教育、入职教育和在职教育的一体化),以促进教师的终身专业发展;教师发展要与教育教学研究实现一体化,即通过开展实践研究来实现教师全员的专业发展;由于实践研究的课题均是学校发展与改革中的具体问题,因此,教师的发展实际上也就与学校改革建立了有机联系。由此,教师教育、教师发展、教育教学研究及中小学的革新改善就实现了一体化。这种一体化意味着教师教育观由静态向动态、开放的转变,是符合当今世界教师教育发展潮流的,无疑也是我国应该追求的方向。对此,我们应该进行认真的研究,探讨如何使之在教师教育的实践中具体化。

---

① Tickle, L. (1989) New Teachers and the Development of Professionalism. In M. L. Holly & Mcloughlin(Eds.), Perspectives on the Teacher Professional Development. P.94.

② Pink, W. T. & Hayde, A. A. (Eds.)(1992) Effective Staff Development for School Change. Norwood, N.J.; Ablex Pub.Corporation.P.285.

③ 饶见维著:《教师专业发展——理论与实务》,第20页。

主要参考资料

1.中共中央文献研究室编:《邓小平同志论教育》,人民教育出版社,1990年版。

2.中国教育年鉴编辑部编:《中国教育年鉴》,中国大百科全书出版社,1984年版。

3.中国大百科全书编辑部编:《中国大百科全书教育卷》,中国大百科全书出版社,1985年版。

4.国家教育委员会师范教育司编:《师范教育文件选编》,东北师范大学出版社,1989年版。

5.邹时炎主编:《中小学教师队伍建设》,东北师范大学出版社,1993年版。

6.国家教育委员会师范教育司编:《师范教育工作资料汇编》,东北师范大学出版社,1996年版。

7.颜树森编著:《中国古代教育家语录类编》,上海教育出版社,1983年版。

8.邓特:《英国教育》,浙江教育出版社,1987年版。

9.成有信编:《十国师范教育和教师》,人民教育出版社,1990年版。

10.国家教育委员会教育经费研讨组编:《教育经费与教师工资》,教育科学出版社,1988年版。

11.马骥雄主编:《战后美国教育研究》,江西教育出版社,1991年版。

12.瞿葆奎主编:《美国教育改革》,人民教育出版社,1990年版。

13.瞿葆奎主编:《英国教育改革》,人民教育出版社,1993年版。

14.瞿葆奎主编:《法国教育改革》,人民教育出版社,1994年版。